러블리 아이스크림

2010년 7월 25일 초판 1쇄 발행
2011년 5월 20일 초판 2쇄 발행

지은이 | 김태은
발행인 | 전재국
본부장 | 이광자

편집팀장 | 황혜정
책임편집 | 한지윤
책임마케팅 | 김진학 윤주환

발행처 (주)시공사
출판등록 1989년 5월 10일(제3-248호)

주소 | 서울특별시 서초구 서초동 1628-10(우편번호 137-879)
전화 | 편집(02)3487-1141 · 영업(02)2046-2800
팩스 | 편집(02)3487-1161 · 영업(02)588-0835
홈페이지 www.sigongsa.com

ISBN 978-89-527-5960-3 13590

값은 뒤표지에 있습니다.
파본이나 잘못된 책은 구입하신 곳에서 교환해 드립니다.

달콩하고 상콤한
우리집 건강 디저트

Lovely 러블리 아이스크림

김태은 지음

시공사

프롤로그

입안에서 사르르 녹는 러블리 아이스크림을 만나볼까요?

　몇 년 전 이탈리아로 여행을 떠났어요. 로마를 찾는 여행자라면 누구나 한 번쯤 들른다는 판테온으로 향하기로 한 어느 날이었지요. 6월의 뜨거운 햇빛 아래, 타는 더위를 식힐 겸 세계적으로 유명하다는 로마의 3대 젤라토 가게 중 한 곳으로 갔어요. 소문대로 젤라토 가게 안은 인산인해, 겨우 비집고 들어가 미리 점찍어놓았던 젤라토를 주문했어요. 쌀이 들어간 리조, 한정된 철에만 맛볼 수 있다는 코코멜론과 피스타치오였어요. 산처럼 쌓인 젤라토를 한입 베어 먹는 순간 코와 혀를 감싸던 그 맛이란! '젤라토 하나로도 이렇게 풍부한 향과 맛을 느낄 수 있구나' 감동했어요. 문득 '르 꼬르동 블루'에서 수업을 받을 때 들었던 셰프의 말이 머리를 스치고 지나갔어요. 아이스크림을 만들 때는 가장 싱싱한 제철 과일, 최상의 재료를 사용해 한입만 먹어도 마치 그 재료를 통째로 먹는 것처럼 고유의 향과 맛을 느낄 수 있도록 해야 한다는 말이었지요.
　그 후 저는 아이스크림에 특별한 관심을 가지게 되었고 몇 해 전 여름, 하던 일을 잠시 멈추고 다양한 아이스크림 만들기를 배우기 위해 뉴욕행 비행기에 올랐어요.

　우리 곁에는 너무나 많은 아이스크림이 있어요. 집 앞 슈퍼마켓에서 언제든 사 먹을 수 있는 친근한 아이스크림에서부터 아이스크림 전문점에서 맛볼 수 있는 정통 아이스크림, 카페에서 즐길 수 있는 새롭고 신기한 아이스크림 디저트까지….
　이렇게 주변에서 쉽게 접할 수 있는 아이스크림이지만 향과 맛이 살아 있는, 좋은 재료를 이용해 건강하게 만든 아이스크림은 찾아보기 어려운 게 현실이에요. 각종 첨가제, 알록달록 색소와 인공 향으로 물든 아이스크림이 우리 주

위에 가득하니까요. 집에서도 좋은 재료를 사용해 건강한 아이스크림을 만들 수 있는데도 대부분의 사람들이 아이스크림 만드는 과정을 너무 복잡하고 번거롭게 생각하는 것 같아 항상 아쉬웠어요.

그래서 이 책에서는 아이스크림 만드는 방법을 되도록 쉽고 간단하게 소개하기 위해 노력했어요. 특히 아이스크림 제조기 없이 만들 수 있는 방법을 소개했기 때문에 처음 도전하는 분들도 쉽게 시작할 수 있을 거예요. 또한 정통 아이스크림의 맛을 그대로 살리기 위해 아이스크림을 만들 때 가장 중요한 재료의 선택과 만드는 과정에서의 주의할 점을 꼼꼼히 정리했답니다. 그대로 따라만 한다면 여러분도 언제든 향과 맛이 살아 있는 그리고 건강까지 챙길 수 있는 아이스크림을 집에서 즐길 수 있을 거예요.

많은 분들이 사랑하는 가족, 연인과 함께 직접 만든 아이스크림을 맛보며 행복한 시간을 보낼 수 있길 바라봅니다.

언제나 든든한 힘을 실어주시는 부모님과 가족, 새로운 것에 대한 도전과 고된 작업에 늘 힘과 버팀목이 되어주는 남편, 격려와 응원을 아끼지 않는 소중한 친구들, 이 책이 출간되는 날을 손꼽아 기다려준 BAQUEEN의 가족 같은 수강생들, 음식을 대하는 깊이 있는 눈과 생각을 갖게 해준 르 꼬르동 블루 셰프들, 뉴욕의 ICA, ICE에서 만난 셰프들, 특별한 책을 만들 수 있게끔 힘이 되어주신 시공사에도 감사의 말을 전합니다.

2010년 여름, 베이퀸 김태은

차 례

008 **프롤로그** 입안에서 사르르 녹는 러블리 아이스크림을 만나볼까요?

010 아이스크림, 알고 먹으면 더 맛있어요
012 베이퀸의 친절한 재료 & 도구 이야기
016 베이퀸이 이용하는 재료 & 도구 숍
018 아이스크림의 기본, 베이스와 시럽 만들기
020 소스와 토핑 만들기

PART 1

부드럽고 달콤한 클래식 아이스크림

026 은은한 바닐라 향을 느껴봐~ 클래식 바닐라 아이스크림
028 소녀의 핑크빛 볼을 닮은 딸기 아이스크림
030 진하고 쌉싸래한 초콜릿의 맛 그대로~ 다크 초콜릿 아이스크림
032 은은한 커피 향이 물씬~ 커피 아이스크림
034 상큼한 블루베리가 쏙쏙! 블루베리 아이스크림
036 두뇌 건강에 좋은 호두를 넣은 호두 아이스크림
038 열대과일의 새콤달콤한 맛 패션푸르트 스월 아이스크림
040 고소하고 향 좋은 헤이즐넛이 콕콕 헤이즐넛 아이스크림
042 신선한 원두를 넣어 만든 에스프레소 빈 아이스크림
044 파란 하늘을 닮은 맛! 페퍼민트 & 화이트 초코칩 아이스크림
046 부드러운 생 초콜릿의 환상적인 맛 생 초콜릿 청크 아이스크림
048 아몬드와 초콜릿의 맛있는 소용돌이 아몬드 & 초콜릿 스월 아이스크림
050 체리와 초코칩을 듬뿍 넣은 체리 초코칩 아이스크림
052 씹히는 맛이 매력적인 캐러멜 & 코코넛 아이스크림
054 천국의 맛을 느껴보세요 라즈베리 & 치즈케이크 아이스크림

보너스 메뉴 | **아이스크림과 함께 즐기는 홈베이킹 메뉴**

058 아이스크림과 찰떡궁합 브라우니
060 커스터드 대신 아이스크림을 채운 아이스크림 슈
062 아이스크림을 샌드해서 먹는 잉글리시 머핀 샌드위치
063 갓 구운 크레페와 아이스크림의 만남 아이스크림 크레페

PART 2

담백하고 깔끔한 다이어트 아이스크림

- 066 산뜻하고 가벼운 맛 라이트 바닐라 아이스크림
- 067 홍차 한잔을 마시는 느낌 얼그레이 아이스크림
- 068 군더더기 없이 깔끔한 맛 연유 아이스크림
- 070 메이플시럽과 피칸의 맛있는 조화 메이플 피칸 아이스크림
- 072 잘 익은 바나나와 홈메이드 연유의 만남 바나나 연유 아이스크림
- 074 건강하고 담백하게 만든 쿠키&크림 아이스크림
- 076 싱그러운 초록 빛깔 아이스바 멜론 아이스바
- 077 라벤더의 향을 느껴보세요 라벤더 허니 아이스크림
- 078 카푸치노가 아이스크림으로 변신하다 카푸치노 아이스크림
- 079 귤과 초코칩의 행복한 만남 귤 초코칩 아이스크림
- 080 쫄깃쫄깃 달콤한 캐러멜이 듬뿍~ 캐러멜 스월 아이스크림
- 082 상큼하고 산뜻한 맛 허니 요거트 아이스크림
- 083 핑크빛의 특별한 아이스크림 베리 요거트 아이스크림
- 084 세 가지 재료의 환상적인 만남 코코아 라즈베리 요거트 아이스크림

PART 3

시원하고 상큼한 소르베·그라니타·빙수

- 088 더위를 잊게 해주는 상큼한 소르베 라즈베리 소르베
- 090 새콤 달콤 깔끔! 키위&라임 소르베
- 091 여자들이 가장 좋아하는 소르베 딸기 소르베
- 092 은은한 색과 향이 매력적인 살구 소르베
- 093 잘 익은 바나나를 휘리릭 갈아 만든 바나나 소르베
- 094 어른들을 위한 색다른 디저트 맥주 소르베
- 095 멜론을 더 맛있게 즐기는 방법 멜론 소르베
- 096 여름에 먹는 최고의 디저트! 수박 소르베
- 098 비타민 C가 듬뿍~ 레몬 그라니타
- 099 누구에게나 환영받는 오렌지 그라니타
- 100 그라니타 중에 가장 부드러워~ 블루베리 그라니타
- 101 마지막 한 모금까지 맛있는 커피 그라니타
- 102 홈메이드 퓨전 디저트 수정과 그라니타
- 104 수박의 색다른 변신 수박 그라니타
- 106 집에서 만들어 먹는 카페 디저트 오디 식혜 그라니타
- 108 너츠 캔디가 숨어 있는 우유 빙수
- 111 갈증을 한번에 없애주는 녹차 빙수
- 114 여름 더위 물렀거라 수박 빙수

PART 4

몸에 좋은 재료로 만든 건강 아이스크림

- 118 집에서 만들어 담백하고 달지 않은 아즈키 아이스바
- 120 피부미용에 좋아요! 고구마 두유 아이스크림
- 121 블랙 푸드 검은깨로 만들어 고소한 검은깨 아이스크림
- 122 여름에 즐기는 군고구마 군고구마 아이스크림
- 124 두유와 미숫가루의 구수한 만남 두유 아이스크림
- 125 고소한 향에 기분이 좋아지는 코코넛 검은깨 아이스크림
- 126 각종 곡물의 영양을 그대로~미숫가루 아이스크림
- 127 냉동 홍시로 사계절 내내 즐기는 소프트 홍시 요거트
- 128 쌀로 만들어 참 건강한 아이스크림 쌀 아이스크림
- 130 설탕 대신 유자청으로 맛을 낸 유자 아이스크림
- 132 입안이 개운해지는 깔끔한 맛! 오미자 아이스크림

집에서 건강하게 만드는 전문점 아이스크림

보너스 메뉴

- 134 집에서 만들어도 이렇게 맛있어! 민트 초코칩 아이스크림
- 136 체리를 듬뿍 넣어 만든 체리 아이스크림
- 138 자연의 맛이 느껴지는 그린티 아이스크림
- 140 우리 집이 카페가 된다! 아이스크림 와플
- 142 내가 좋아하는 과일을 듬뿍 넣은 과일 요거트 아이스크림

PART 5
아이스크림으로 만든 스페셜 디저트

- 146 쿠키 안에 아이스크림이 듬뿍 쿠키&아이스크림 샌드위치
- 148 바삭바삭 달콤한 튀일 샌드위치
- 150 홍차와 함께 먹어요~ 커피 머랭 샌드위치
- 152 집에서 만드는 아이스크림 케이크 엔젤 아이스크림 케이크
- 155 유기농 흑설탕을 넣어 더 깊고 진한 맛 흑설탕 아이스크림 롤 케이크
- 158 혀끝에서 느껴지는 부드러움 티라미수 아이스크림 케이크
- 161 프랑스 전통 케이크의 새로운 변신 아이스크림 샤를로트
- 164 색도 예쁘고 맛도 상큼한 라즈베리 소다
- 166 마시는 순간 갈증이 싹 사라지는 블루베리 슬러시&딸기 슬러시
- 168 두 가지 맛 환상적인 하모니 아포가토
- 169 내 마음대로 즐기는 그린티 셰이크&미숫가루 셰이크
- 170 커피와 부드러운 크림의 조화 그라니타 카페 콘파나
- 172 달콤하고 부드러운 디저 요거트 세미프레도
- 174 고소한 캐러멜 너츠 캔디를 넣은 너츠 캔디 세미프레도
- 176 트뤼플 초콜릿을 닮은 아이스크림 트뤼플

177 BAQUEEN'S TRAVEL DIARY 베이퀸의 디저트 세계여행

아이스크림, 알고 먹으면 더 맛있어요

아이스크림의 종류는 생각보다 다양해요. 유제품을 넣어 만든 부드러운 질감의 아이스크림에서부터 과일을 얼려 먹는 것처럼 산뜻하고 깔끔한 소르베, 플레인 요거트를 넣어 만든 건강한 아이스크림까지…. 아이스크림 각각의 특성을 알고 먹으면 더욱 맛있답니다.

아이스크림

아이스크림은 달걀노른자를 바탕으로 만든 커스터드인 '크렘 앙글레즈'를 기본 재료로 한 프렌치 클래식 스타일, 달걀노른자를 넣지 않고 간편하게 만드는 아메리칸 스타일, 플레인 요거트를 넣어 만드는 요거트 스타일까지 세 종류가 있어요.

프렌치 클래식 스타일 아이스크림

프렌치 클래식 스타일 아이스크림의 기본 재료는 크렘 앙글레즈예요. 크렘 앙글레즈는 달걀노른자와 설탕, 우유를 섞어 85℃가 될 때까지 가열한 크림으로, 아이스크림은 물론 무스 케이크와 각종 소스의 베이스로도 많이 사용돼요.

아메리칸 스타일 아이스크림

필라델피아 스타일이라고도 불리는 아메리칸 스타일 아이스크림은 프렌치 클래식 스타일 아이스크림과 달리 달걀을 사용하지 않아요. 따라서 클래식 스타일보다 부드럽진 않지만 열량이 낮고 담백하며 만드는 방법이 간단합니다.

요거트 아이스크림

최근 인기를 끌고 있는 아이스크림으로 플레인 요거트에 여러 가지 재료나 향을 추가하거나 또는 부드러운 질감을 위해 다른 유제품을 섞어서 만드는 아이스크림이에요.

젤라토

젤라토는 이탈리아의 아이스크림이에요. 젤라토를 일반적인 아이스크림과 비교하면 보다 강한 맛과 향, 쫀득쫀득한 식감이 특징이죠. 젤라토는 일반적으로 반 정도만 얼린 상태로 판매하는데 부드러운 식감을 즐기며 먹을 수 있어요.

소르베

소르베는 과일을 주재료로 만들어요. 과일 소르베는 과일에 설탕 시럽을 넣어 믹서에 간 다음 단단하게 얼린 것이에요. 그래서 얼린 과일을 통째로 먹는 느낌이랍니다. 소르베를 만들 때는 싱싱하고 색이 예쁜 과일을 사용하는 것이 기본이랍니다.

그라니타

그라니타는 거칠고 성긴 질감의 얼린 디저트예요. 그라니타 특유의 거친 질감을 만드는 데에는 특별한 기계나 도구가 필요하지 않아요. 단순히 얼리면서 큰 얼음 덩어리가 생기지 않도록 포크 등으로 수차례 긁어주면 완성할 수 있답니다. 집에서 손쉽게 만들 수 있는 디저트예요.

세미프레도

세미프레도는 이탈리아어로 '부분적으로 얼린'이란 뜻이에요. 하지만 실제로는 완벽하게 얼린 상태랍니다. 세미프레도의 중간 중간 무스처럼 부드러운 질감의 재료가 숨어 있기 때문에 세미프레도라고 불린답니다.

아이스크림을 더욱 맛있게 즐기는 Tip

1. 아이스크림 제조기 없이 아이스크림을 만들 때는 냉동시키면서 수저나 포크로 긁어주는 과정을 거쳐야 공기가 들어가 부드러운 식감의 맛있는 아이스크림을 완성할 수 있어요.

2. 홈메이드 아이스크림은 냉동실에서 꺼내 먹기 적당한 상태가 되면 바로 드세요. 시판 아이스크림에는 맛, 식감, 보존성을 좋게 하기 위해 유화제, 안정제 등의 첨가물이 들어가지만 홈메이드 아이스크림은 이와 같은 화학 첨가물이 들어가지 않아 건강하게 즐길 수 있어요. 대신 아이스크림이 금방 녹는다는 한계가 있어요.

3. 아이스크림을 만들 때는 반드시 신선한 재료를 사용하세요. 특히 유제품과 달걀, 과일의 신선도는 아이스크림의 맛을 좌우하니 반드시 신선한 것으로 사용하세요.

4. 아이스크림마다 어울리는 향료(리큐르, 바닐라 빈, 커피, 시나몬)나 잘 구운 견과류를 사용하면 한층 향과 맛이 좋은 아이스크림을 완성할 수 있어요.

5. 아메리칸 스타일 아이스크림은 얼리기 전에 냉장고에서 먼저 온도를 낮추며 숙성과정을 거치는 것이 좋아요. 이렇게 하면 재료의 맛과 향이 잘 어우러져 더욱 맛있는 아이스크림을 만들 수 있어요.

6. 아이스크림은 냉동실에서 꺼내 단단할 때 바로 먹는 것보다 실온에 잠시 뒀다가 부드러운 상태로 즐기는 것이 더욱 맛있어요.

7. 아이스크림의 보관 과정에서 냉동실에 넣었다 꺼냈다를 반복하면 얼음 결정이 생겨 아이스크림의 질감이 나빠져요. 아이스크림을 넉넉히 만들었다면 한 번씩 먹을 수 있는 분량만큼만 따로 용기에 담아 냉동실에 보관하세요.

8. 홈메이드 아이스크림의 부드러운 질감을 즐기기 위해서는 일주일 안에 먹는 것이 가장 좋아요.

베이퀸의 친절한 재료 & 도구 이야기

아이스크림을 만들 때 필요한 재료와 도구를 알아볼까요?
꼼꼼히 읽어보고 각자 만들고 싶은 아이스크림에 필요한 재료와 도구를 준비하세요.

아이스크림의 재료

우유 & 생크림
유제품의 유지방은 아이스크림의 풍부하고 부드러운 맛과 질감을 결정해요. 생크림은 우유에서 지방 성분을 분리해서 만든 것으로 저는 유지방 38~40%의 동물성 생크림을 사용했어요. 식물성 생크림인 휘핑크림도 있는데, 휘핑크림에는 각종 첨가물이 많이 들어 있어 몸에 좋지 않아요. 아이스크림을 만들 때는 맛뿐만 아니라 건강까지 생각해서 동물성 생크림을 선택하는 것이 좋아요.

달걀
달걀 1개의 무게는 보통 52~60g이며 달걀노른자는 15~20g 정도예요. 달걀노른자는 물과 지방 성분이 고루 섞일 수 있도록 하는 유화제 역할을 해요.

설탕
아이스크림을 만들 때 사용하는 설탕의 양은 본인의 입맛에 맞게 조절하세요. 설탕이 녹아 있는 물은 어는점이 0℃ 이하예요. 설탕으로 인해 아이스크림 혼합물이 얼지 않기 때문에 아이스크림은 냉동실에 오래 두어도 얼음처럼 완전히 단단해지지 않아요.

꿀 & 물엿 & 아가베시럽
설탕 대신 꿀이나 물엿, 아가베시럽으로 단맛을 내면 좀 더 부드러운 질감의 아이스크림을 만들 수 있어요.

소금
소량의 소금을 적절히 사용하면 아이스크림 감칠맛이 한결 좋아져요. 저는 맛과 향이 좋은 프랑스 게랑드 지역의 소금(플뢰르 드 셀)을 사용했어요. 일반적으로 가정에서는 구운 소금, 꽃소금을 사용하면 좋아요.

초콜릿
여러 가지 종류의 초콜릿을 사용해서 다양한 아이스크림을 만들 수 있어요. 다크커버처 초콜릿과 화이트커버처 초콜릿을 주로 이용해요. 저는 발로나와 깔리바우트 제품을 주로 사용하고 있어요. 초콜릿은 베이킹 재료 전문점에서 쉽게 구입할 수 있어요.

견과류
아이스크림에 여러 가지 견과류를 사용하면 다양한 맛과 질감의 변화를 즐길 수 있어요. 견과류를 사용할 때는 오븐이나 마른 팬에 살짝 구워서 사용하면 훨씬 맛있어요.

리큐르
아이스크림을 만들 때 소량의 알코올을 적절히 사용하면 보다 깊은 향의 아이스크림을 만들 수 있어요. 알코올은 아이스크림의 어는 속도를 늦춰 질감을 부드럽게 만들어주는데, 자칫 많은 양을 넣으면 아이스크림이 제대로 얼지 않을 수 있으니 레시피에 표시된 적정량을 지키세요.

바닐라 빈
속 씨를 긁어 사용하는 바닐라 빈은 아이스크림을 만들 때 소량만 넣어도 고급스럽고 은은한 바닐라 향을 느낄 수 있어요. 바닐라 빈의 가격이 비싸 부담스럽다면 바닐라 오일, 에센스 또는 바닐라 익스트랙트를 사용해도 좋아요.

과일 퓌레
베이킹 재료 전문점에서는 다양한 종류의 과일 퓌레를 구입할 수 있어요. 이 책에서는 집에서 직접 과일 퓌레를 만드는 방법도 소개하는데 직접 홈메이드 과일 퓌레를 만들어보는 것도 좋겠죠.

자주 사용하는 도구

저울
재료의 무게를 잴 때 이용하는데 눈금저울, 전자저울 두 종류가 있어요. 1g의 무게도 정확하게 계량 수 있는 전자저울이 사용하기에는 한결 편리해요.

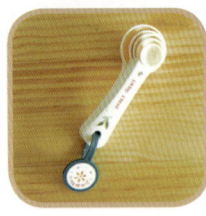

계량스푼
소량의 가루나 액체 재료를 계량할 때는 계량스푼을 사용하면 편리해요.

볼
재료를 섞거나 거품을 낼 때 꼭 필요한 도구예요. 크기에 따라 2~3개 정도 갖추면 작업을 편리하게 할 수 있지요. 보통 스테인리스 재질의 볼을 많이 사용하고, 전자레인지용으로는 유리 재질의 제품이 좋아요.

거품기
재료를 섞을 때, 거품을 올릴 때, 아이스크림 액을 가열하면서 저을 때 꼭 필요한 도구예요. 손잡이와 쇠줄이 견고한 것으로 골라야 오래 사용할 수 있어요.

주걱
재료를 섞거나 그릇에서 깨끗이 긁어낼 때 사용하는 꼭 필요한 도구예요. 주로 나무 주걱, 실리콘 주걱을 사용하는데, 아이스크림을 만들 때에는 오래 사용할 수 있고 위생적으로도 안심할 수 있는 실리콘 주걱을 사용하는 것이 좋아요.

핸드 믹서
재료를 섞거나 거품을 올릴 때 빠르고 편리하게 사용할 수 있는 도구로 손 거품기로 작업하는 것보다 힘이 덜 들고, 시간도 단축할 수 있어서 좋아요.

아이스크림 제조기
이 책에서는 아이스크림 제조기 없이도 아이스크림을 만들 수 있는 방법을 소개하지만, 아이스크림 제조기를 이용하면 아이스크림을 냉동실에 얼리며 중간 중간 긁어주는 수고를 하지 않아도 빠른 시간 안에 편리하게 만들 수 있어요. 아이스크림을 즐겨 만든다면 아이스크림 제조기를 사용하는 것이 좋아요. 아이스크림 제조기는 냉각통을 얼려 사용하는 간접냉각 방식, 가동시키면 냉각기가 얼면서 아이스크림이 완성되는 직접냉각 방식 두 가지가 있어요. 간접냉각 방식은 본체를 냉동실에 하루 정도 얼려 사용해야 하므로 냉동실 공간 확보가 필요해 불편하지만 가격대가 저렴하고 인터넷으로도 쉽게 구입할 수 있어요. 직접냉각 방식은 가동만 시키면 스스로 아이스크림 액을 얼리면서 완성되므로 편리하지만 가격대가 간접냉각 방식에 비해 4~5배 이상 비싸므로 구입하기에 부담스럽다는 단점이 있어요.

오븐
빵이나 쿠키, 케이크 등에 아이스크림을 샌드하거나 장식해서 색다른 디저트를 만들어보세요. 미니 오븐은 사이즈가 작아 자리를 크게 차지하지 않고, 크기에 비해 여러 가지 기능이 있어 베이킹뿐만 아니라 다른 요리를 만들 때도 유용하게 사용할 수 있어요.

인덕션
가스레인지보다 빠른 시간에 재료를 균일하게 가열할 수 있는 도구예요. 인덕션은 냄비 자체만 가열하는 방식이라 주변 온도까지 올라가지 않아요. 더운 여름에 사용하면 좋지요.

아이스크림 스쿠프
아이스크림을 먹음직스럽게 뜰 수 있는 도구예요. 스쿠프는 크기별로 서너 개 갖추고 있으면 원하는 크기별로 아이스크림을 예쁘게 뜰 수 있어 좋아요.

그레이터
이 책에서 소개하는 오렌지 제스트, 레몬 제스트를 준비할 때 그레이터를 사용하면 편리해요. 그레이터를 사용하면 과일의 겉껍질만 살짝 벗길 수 있어 좋아요.

베이퀸이 이용하는 재료 & 도구 숍

재료와 도구를 구입할 수 있는 온라인 숍과 오프라인 숍을 소개할게요.
베이퀸이 오랫동안 단골로 이용하고 있는 곳이랍니다.

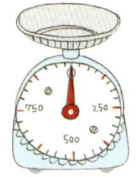

재료와 도구를 구입할 때

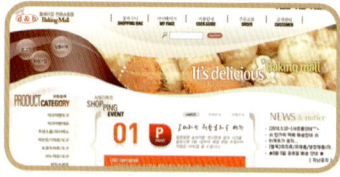

베이킹몰
www.bakingmall.com

아이스크림을 만들 때, 베이킹을 할 때 필요한 도구를 판매하는 곳이에요. 베이킹과 아이스크림 관련 도구의 종류가 다양해요.

베이킹스쿨
www.bakingschool.co.kr

아이스크림을 만들 때, 베이킹을 할 때 필요한 재료와 도구 등을 판매하는 곳으로 대량으로 구입하기보다는 소량으로 구입하길 원할 때 주문하기 좋은 곳이에요.

베이킹팩토리
www.junebake.com

아이스크림을 만들 때 필요한 대부분의 재료를 구입할 수 있어요. 재료는 물론 베이킹 도구도 구입할 수 있는데 여러 가지를 한곳에서 구입하기 편리한 곳이에요.

해피베이킹
www.happybaking.com

아이스크림을 만들거나 베이킹을 할 때 필요한 대부분의 재료를 구입할 수 있는 곳이에요.

유어디시
www.urdish.com

대량으로 구입할 때 이용하면 좋은 숍이에요. 재료나 도구를 대량으로 판매하므로 가격도 다른 곳보다 조금 저렴해요.

푸드마트
www.foodmart.co.kr

우리 농수산물뿐만 아니라 다양한 식품을 구입할 수 있는 곳으로 거의 모든 식재료를 구입할 수 있어요.

해든하우스
서울 성동구 옥수동 220-1
(02-2297-8618)

각종 수입 식재료와 냉동 과일, 치즈 향신료 등을 구입할 수 있는 오프라인 숍이에요.

코스트코
www.costco.co.kr

다양한 치즈, 리큐르, 질 좋은 마른 과일, 견과류 등을 저렴한 가격에 구입할 수 있는 회원제 대형 마트예요.

포장 재료 & 데코 용품을 구입할 때

서흥 E&Pack
www.sh-eshop.co.kr

아기자기한 박스, 봉투, 아이스크림 일회용 컵, 리본 등의 포장 재료를 소량으로 구입할 수 있어요.

경일포장
www.kyungilpack.co.kr

다양하게 이용하기 좋은 기본 모양의 박스, 봉투 등 베이킹 관련 포장 용품을 구입할 수 있는 곳이에요.

2001 아울렛
www.2001outlet.com

계절에 따라 다양한 데코 용품은 물론 그릇과 같은 생활용품을 저렴한 가격에 구입할 수 있어요.

미스달스튜디오
www.missdal.com

일본 제품은 물론 우리나라 소품, 그릇, 패브릭 제품 등을 다양하게 만날 수 있어요.

호시노앤쿠키스
www.hosino.co.kr

아기자기한 소품, 일본에서 들여온 그릇들이 가득해요.

아이스크림의 기본, 베이스와 시럽 만들기

아이스크림을 만드는 방법은 기본만 알면 생각보다 쉬워요. 아이스크림의 종류별로 기본 베이스가 다르므로, 이 방법을 먼저 잘 익혀두세요. 기본 베이스에 여러 가지 재료를 넣으면 손쉽게 다양한 아이스크림을 만들 수 있답니다.

프렌치 클래식 아이스크림의 베이스 만들기

재료(4인분)
- 우유 165g
- 생크림 165g
- 설탕 70g
- 달걀노른자 2개

1 냄비에 우유, 생크림을 넣고 가장자리에 바글바글 거품이 생길 때까지만 끓이세요.

2 1을 끓이는 동안 볼에 달걀노른자, 설탕을 담고 거품기로 충분히 섞으세요.

3 2에 1을 붓고, 다시 불에 올려 85℃가 될 때까지 거품기로 저어가며 끓여요. 아이스크림 만들 때 섞는 도구는 거품기나 실리콘 주걱을 이용하세요. 나무 또는 플라스틱 주걱은 위생적으로 좋지 않아요.

4 체에 걸러 볼에 담고 얼음물을 담은 큰 볼에 담가 5℃정도로 빠르게 식혀요. 재빨리 식히지 않으면 아이스크림 속의 균이 죽지 않으니 유의하세요.

베이퀸의 달콤한 팁!

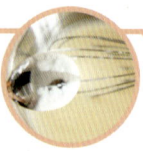

온도계 없이 85℃ 체크하는 방법

과정 3에서 온도계 없이도 온도를 체크할 수 있는 방법이 있어요. 수저나 주걱에 3의 아이스크림 베이스를 묻혀 손가락으로 금을 그어보세요. 자국이 남아 있으면 85℃ 정도랍니다. 아이스크림을 만들 때는 온도가 중요해요. 그래야 우유와 달걀노른자를 확실하게 살균하기 때문이죠.

아메리칸 스타일 아이스크림의 베이스 만들기

재료(4인분)
우유 250g
생크림 150g
설탕 60g

바닐라 빈, 커피, 미숫가루, 시나몬 파우더 등을 첨가할 때 이 과정에서 넣어요.

1 냄비에 우유, 생크림, 설탕을 담아 섞어요. 설탕이 녹을 정도로만 가볍게 끓여도 좋아요. 메뉴에 따라 설탕 대신 연유, 꿀 또는 아가베시럽을 넣기도 하는데 레시피의 재료를 정확히 확인하세요.

2 1을 최소 3시간에서 최대 3일까지 냉장 보관하며 숙성시켜요. 이 과정을 거치면 식감이 훨씬 좋은 아이스크림으로 만들 수 있어요.

소르베 & 그라니타용 시럽 만들기

재료(약 300g)
설탕 150g
생수 150g

1 냄비에 설탕, 생수를 담고 설탕이 녹을 때까지만 끓이세요.

2 1을 체에 거르고 식혀요. 녹지 않은 알갱이를 걸러내는 과정이에요.

소스 & 토핑 만들기

아이스크림의 맛을 더욱 풍부하게 만들어주는 여러 가지 소스와 토핑을 소개할게요.
홈메이드 소스와 토핑이라 시판 제품보다 훨씬 맛있고, 안심하고 먹을 수 있지요.
넉넉하게 만들어서 필요할 때마다 활용하세요.

너츠 캔디 만들기

너츠 캔디는 캐러멜이 입혀진 견과류로 아이스크림 토핑은 물론 요거트나 우유에 섞어서
그래놀라처럼 먹어도 맛있어요. 너츠 캔디를 미리 넉넉하게 만들어서 다양하게 즐겨보세요.

재료 (약 120g)

설탕 70g
각종 견과류 70g

1 냄비를 불에 올려 달군 다음 설탕을 넣어 중간 불에서 녹여요.

2 설탕이 녹아 전체적으로 갈색으로 변하면 불에서 내려요.

3 견과류를 넣어요.

4 3을 고루 잘 섞어 견과류에 캐러멜을 입혀요.

5 실리콘 패드나 종이포일에 올려 식혀요.

6 완전히 식으면 칼로 잘게 잘라서 냉장보관해요.

베리소스 만들기

베리소스는 상큼한 향과 씹히는 맛이 일품이에요.
아이스크림 위에 뿌려 먹으면 맛있어요.

재료(약 300g)
베리 225g, 시판 베리 퓨레 50g, 설탕 30g, 레몬즙 1TS

1 냄비에 여러 가지 베리(딸기, 블루베리, 라즈베리 등), 베리 퓨레, 설탕을 함께 넣어요.

2 중간 불에서 뭉근하게 2/3 분량 정도로 졸여질 때까지 끓여요.

3 레몬즙을 넣은 다음 불에서 내리고 실온에서 식혀요. 완전히 식으면 밀폐용기에 담아 냉장 보관해요.

블루베리소스 만들기

블루베리는 소스로 만들어 먹으면 향과 맛이 한결 진해요. 소스를 넉넉히 만들어서 아이스크림에는 물론 베이킹을 할 때나 케이크 또는 샐러드 토핑으로도 이용할 수 있어요.

재료(약 300g)
블루베리 240g, 설탕 40g, 전분 1TS, 물 1TS, 레몬즙 1TS

1 냄비에 블루베리를 담고 설탕, 전분, 물을 섞어요.

2 약한 불에서 끓이는데 전체적으로 부글부글 끓을 때까지 가열해요.

3 레몬즙을 넣고 불에서 내린 다음 실온에서 식혀요. 완전히 식으면 밀폐용기에 담아 냉장 보관해요.

초콜릿소스 만들기

시판 초콜릿소스는 달기만 할 뿐 깊은 맛이 없어요. 깊고 진한 맛을 느끼려면 홈메이드 초콜릿소스를 만들어보는 것도 좋아요.

 재료(약 80g)

설탕 30g
물 40g
코코아 40g

1 냄비에 설탕, 물 20g을 담고 설탕이 녹을 때까지만 끓여요.

2 볼에 코코아를 담고 물 20g을 부어가며 잘 개어요.

3 2를 1에 부어 5분 정도 약한 불에서 전체적으로 농도가 끈적해지면서 부글부글 끓을 때까지 끓여요. 한 김 식힌 후 냉장 보관해요.

버터 튀일컵 만들기

아이스크림 가게에서 주는 콘이나 쿠키컵은 한입 먹어보곤 맛이 없어 버리기 일쑤죠. 가끔 맛있는 콘에 아이스크림을 담아 주는 집을 발견하면 제대로 된 아이스크림 가게를 찾은 거 같아 기분이 좋아요. 이제 제대로 된 쿠키컵을 만들어서 끝까지 맛있는 디저트를 먹어보자고요!

🥄 **재료** (지름 12cm 8개)

녹인 버터 75g
흰자 2개
설탕 85g
소금 약간
바닐라 오일 1/4ts
박력분 120g

1 버터를 중간 불에서 밝은 갈색이 될 때까지 끓여요.

2 버터를 체에 내리고 실온에서 식혀요.

3 달걀흰자는 거품이 약간 올라올 때까지 잘 섞어요.

4 설탕과 소금을 넣어 섞어요.

5 2와 바닐라 오일, 밀가루를 넣어요.

6 매끈한 반죽이 되도록 섞어요.

머핀 팬이 없으면 국자 뒷면을 이용해 모양을 잡아도 좋아요.

7 팬 위에 반죽을 떠서 수저로 얇게 펴고, 180℃ 오븐에서 7~8분간 구워요.

8 오븐에서 꺼내 뜨거울 때 뒤집어놓은 머핀 팬에 얹어 식혀요.

베이퀸의 달콤한 팁!

맛있는 쇼코 튀일컵 만들기

쇼코 튀일컵도 맛있어요. 149p.의 쇼코 튀일 반죽을 만들어 지름 12cm 원형으로 굽고 뒤집은 머핀 팬 또는 국자 뒷면에 얹어 모양을 잡으면 돼요.

PART 1

부드럽고 달콤한
클래식 아이스크림

프렌치 클래식 아이스크림은
달걀노른자로 만든 크림을 기본 베이스로 하기 때문에
아이스크림 본연의 부드럽고 풍부한 맛이 나요.
정통 아이스크림의 깊은 맛을 느껴보고 싶다면
프렌치 클래식 아이스크림을 즐겨보세요.

classic vanilla icecream

은은한 바닐라 향을 느껴봐~

클래식 바닐라 아이스크림

향 좋은 바닐라 빈으로 만드는 향긋한 클래식 바닐라 아이스크림!
쉽게 맛보기 힘든 리얼 바닐라 아이스크림도 집에서 얼마든지 뚝딱 만들 수 있지요.

재료

우유 165g
생크림 165g
설탕 70g
달걀노른자 2개
바닐라 빈 1/3개

분량 4인분

난이도 ★

> 바닐라 빈 대신 바닐라 오일 1/4ts을 사용해도 괜찮아요.

1 냄비에 우유, 생크림, 바닐라 빈을 넣고 가장자리에 바글바글 거품이 생길 때까지만 끓이세요.

2 1을 끓이는 동안 볼에 달걀노른자와 설탕을 담아 거품기로 연한 노란빛이 돌 때까지 섞어요.

3 2에 1을 부어 잘 섞어요.

4 3을 다시 불에 올려 85℃가 될 때까지 거품기로 저어가며 끓여요.

5 체에 걸러 볼에 담고 얼음물을 담은 커다란 볼에 담가 약 5℃ 정도가 될 때까지 재빨리 식혀요.

6 용기에 담아 냉동실에 넣어 아이스크림이 단단해질 때까지 1시간 간격으로 서너 번 포크로 긁어주면 완성이에요.

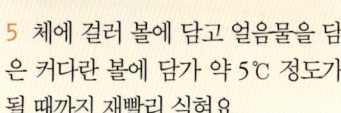

026 / 027

strawberry icecream

소녀의 핑크빛 볼을 닮은

딸기 아이스크림

딸기가루만 있으면 딸기철이 아니어도 사계절 내내 달콤한 딸기 아이스크림을 만들 수 있어요.
수줍은 소녀의 볼을 닮은 핑크빛의 사랑스러운 아이스크림이에요.

재료

우유 180g
생크림 140g
설탕 50g
달걀노른자 2개
딸기가루 15g

 분량 4인분
 난이도 ★

1 냄비에 우유와 생크림을 넣고 가장자리에 바글바글 거품이 생길 때까지만 끓이세요.

2 끓이는 동안 볼에 달걀노른자와 설탕을 담아 거품기로 연한 노란빛이 돌 때까지 섞어요.

3 2에 1을 부어 잘 섞어요.

4 3을 다시 불에 올려 85℃가 될 때까지 거품기로 저어가며 끓여요.

베이퀸의 **달콤한 팁!**

딸기가루가 없다면 생딸기를 넣어 톡톡 씹히는 맛이 좋은 딸기청크 아이스크림으로 만들어보세요. 잘게 자른 딸기 100g과 설탕 30g, 레몬즙 30g을 섞은 다음 용기에 담아 2시간 정도 냉장 보관해요. 그런 다음 냉동실에 넣어 아이스크림이 단단해질 때까지 1시간 간격으로 서너 번 포크로 긁어주세요.

딸기가루는 아이스크림 액이 식은 후 넣어야 색이 더 예뻐요.

5 체에 걸러 볼에 담고 얼음물을 담은 커다란 볼에 담가 빠르게 식힌 다음 딸기가루를 넣어 섞어요.

6 용기에 담아 냉동실에 넣어 아이스크림이 단단해질 때까지 1시간 간격으로 서너 번 포크로 긁어주면 완성이에요.

dark chocolate icecream

진하고 쌉싸래한 초콜릿의 맛 그대로~

다크 초콜릿 아이스크림

피곤한 날, 우울한 날에는 달콤한 초콜릿이 생각나요.
쌉싸래한 다크 초콜릿을 듬뿍 넣어 만든 부드러운 아이스크림을 한입 넣는 순간 기분 업! 에너지도 업!

재료
우유 165g, 생크림 165g, 설탕 30g, 달걀노른자 2개, 다크커버처 초콜릿 80g, 그뤼에 드 카카오 약간

 분량 4인분

 난이도 ★

1 냄비에 우유와 생크림을 넣고 가장자리에 바글바글 거품이 생길 때까지만 끓여요.

2 1을 끓이는 동안 볼에 달걀노른자와 설탕을 담아 거품기로 섞어요.

3 2에 1을 붓고, 다시 불에 올려 85℃가 될 때까지 거품기로 저어가며 끓여요.

4 다크커버처 초콜릿을 볼에 담은 다음 3을 체에 거르고 초콜릿을 넣어 녹여요.

5 4를 얼음물이 담긴 커다란 볼에 담가 재빨리 식혀요.

6 용기에 담아 냉동실에 넣어 아이스크림이 단단해질 때까지 1시간 간격으로 서너 번 포크로 긁어주면 완성이에요.

베이퀸의 달콤한 팁!

다크커버처 초콜릿은 미리 잘게 잘라두세요. 다크커버처 초콜릿은 카카오 함량이 높은 것을 사용할수록 아이스크림으로 완성했을 때 씁쓸하고 진한 맛을 느낄 수 있어요.
진한 색의 초콜릿 아이스크림을 만들고 싶다면 우유를 데울 때 무가당 코코아파우더 10g 정도를 넣으세요.

coffee icecream

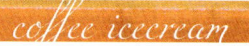

은 은 한 커 피 향 이 물 씬 ~

커피 아이스크림

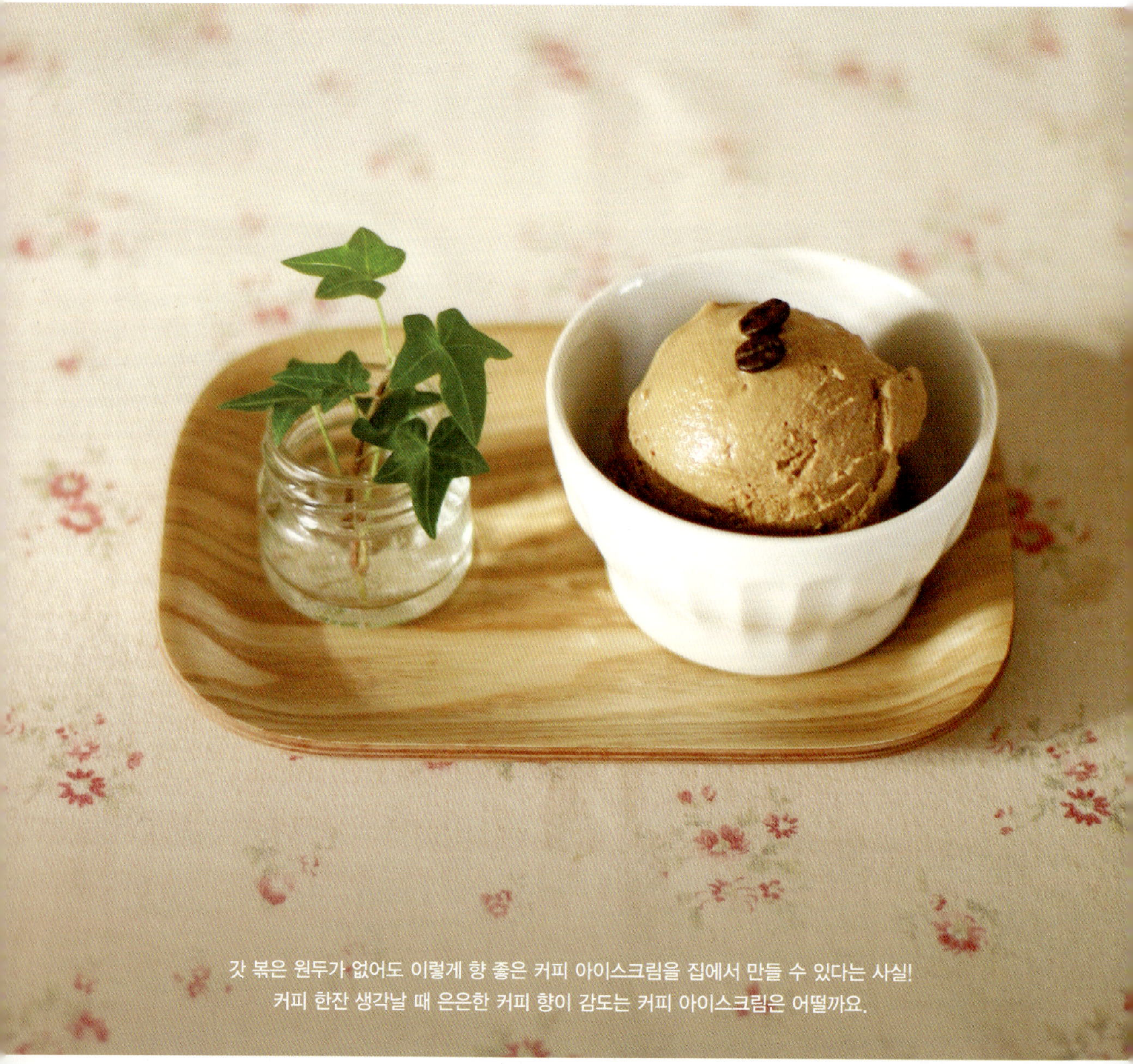

갓 볶은 원두가 없어도 이렇게 향 좋은 커피 아이스크림을 집에서 만들 수 있다는 사실!
커피 한잔 생각날 때 은은한 커피 향이 감도는 커피 아이스크림은 어떨까요.

재료
우유 165g, 생크림 165g, 인스턴트커피 3ts, 설탕 60g, 달걀노른자 2개

 분량 4인분

 난이도 ★

1 냄비에 우유, 생크림, 인스턴트커피를 넣고 가장자리에 바글바글 거품이 생길 때까지만 끓이세요.

2 1을 끓이는 동안 볼에 달걀노른자와 설탕을 담고 거품기로 충분히 섞어요.

3 2에 1을 붓고 다시 불에 올려 85℃가 될 때까지 거품기로 저어가며 끓여요.

4 체에 걸러 볼에 담고 얼음물이 담긴 커다란 볼에 담가 약 5℃가 될 때까지 재빨리 식혀요.

5 용기에 담아 냉동실에 넣어 아이스크림이 단단해질 때까지 1시간 간격으로 서너 번 포크로 긁어주면 완성이에요.

blueberry icecream

상큼한 블루베리가 쏙쏙!

블루베리 아이스크림

노화 방지에 좋은 슈퍼 푸드 블루베리. 블루베리를 듬뿍 넣어 만든 블루베리 아이스크림은
한입만 먹어도 신선하고 상큼한 맛에 기분도, 건강도 좋아지는 느낌이에요.

재료
블루베리 100g, 설탕 30g, 레몬즙 30g, 우유 165g, 생크림 165g, 설탕 70g, 달걀노른자 2개

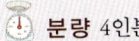 **분량** 4인분

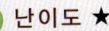 **난이도** ★

1 냉동 블루베리나 생블루베리에 설탕, 레몬즙을 섞어 냉장고에서 2시간 정도 재워요.

2 냄비에 우유와 생크림을 넣고 가장자리에 바글바글 거품이 생길 때까지만 끓이세요.

3 2를 끓이는 동안 볼에 달걀노른자와 설탕을 담아 거품기로 충분히 섞어요.

4 3에 2를 붓고 다시 불에 올려 85℃가 될 때까지 거품기로 저어가며 끓여요.

5 체에 걸러 볼에 담고 얼음물을 담은 커다란 볼에 담가 재빨리 식혀요. 5℃ 정도가 될 때까지 식히면 좋아요.

6 용기에 담아 1시간 정도 냉동실에서 굳인 후 1을 넣어 잘 섞어요. 1시간 간격으로 두세 번 포크로 긁어주면 완성이에요.

walnut icecream

두뇌 건강에 좋은 호두를 넣은

호두 아이스크림

두뇌 건강에 좋다는 호두, 건강에 좋을 뿐 아니라 아이스크림에 넣으면 특유의 고소한 맛이 더욱 잘 느껴지는 재료예요. 부드럽고 고급스러운 아이스크림을 맛보고 싶다면 호두 아이스크림이 딱이죠!

재료

우유A 80g
잘게 자른 호두 40g
우유B 85g
생크림 165g
설탕 70g
바닐라 빈 1/3개
달걀노른자 2개

분량 4인분
난이도 ★★

| 호두 우유 만들기 | 아이스크림 만들기 |

> 호두 우유는 하루 전에 미리 만들어 냉장 보관 후 사용해도 괜찮아요.

1 냄비에 우유A와 호두 1/2분량(20g)을 넣고 살짝 데워서 1시간 정도 실온에 두어요.

2 볼에 달걀노른자와 설탕을 담아 거품기로 섞어요.

3 냄비에 우유B, 생크림, 바닐라 빈, 호두 우유를 체에 걸러 넣고 바글바글 거품이 생길 때까지만 끓여요.

4 2에 3을 붓고 다시 불에 올려 85℃가 될 때까지 거품기로 저어가며 끓여요.

> 3에서 걸러낸 호두를 넣고 싶으면 이 과정에서 넣으세요.

5 체에 걸러 볼에 담고 얼음물을 담은 커다란 볼에 담가 재빨리 식혀요. 온도는 5℃ 정도가 적당해요.

6 용기에 담아 1시간 정도 냉동실에서 굳인 후 남은 호두를 섞고 1시간 간격으로 두세 번 포크로 긁어주면 완성이에요.

passion fruits swirl icecream

열대과일의 새콤달콤한 맛

패션프루트 스월 아이스크림

열대과일 패션프루트의 새콤달콤한 맛이 그대로 느껴지는 아이스크림!
소용돌이 모양처럼 돌돌 돌아간 아이스크림은 보기만 해도 군침이 넘어가요~

재료

우유 180g
생크림 140g
설탕 50g
달걀노른자 2개
시판 패션프루트 퓌레 50g
물엿 15g
설탕 20g

 분량 4인분
 난이도 ★★

1 냄비에 우유와 생크림을 넣고 가장자리에 바글바글 거품이 생길 때까지만 끓이세요.

2 1을 끓이는 동안 볼에 달걀노른자와 설탕을 담아 거품기로 충분히 섞어요.

3 2에 1을 붓고 다시 불에 올려 85℃가 될 때까지 거품기로 저어가며 끓여요.

4 체에 걸러 볼에 담고 얼음물을 담은 커다란 볼에 담가 재빨리 식혀요. 용기에 담고 2시간 정도 냉동실에서 굳혀요.

5 냄비에 패션프루트 퓌레, 물엿, 설탕을 넣고 끓인 다음 냉동실에 넣어 차갑게 식혀요.

6 4에 5를 넣어 대충 저어 섞고 다시 냉동실에 넣어 1시간 간격으로 두세 번 포크로 긁어주면 완성이에요.

038 / 039

hazelnut icecream

고소하고 향 좋은 헤이즐넛이 콕콕

헤이즐넛 아이스크림

부드러운 아이스크림 안에 고소하고 향이 좋은 헤이즐넛이 들어 있어요.
부드러운 아이스크림과 헤이즐넛, 정말 잘 어울리는 커플 같아요.

재료
헤이즐넛 40g, 우유 180g, 생크림 145g, 설탕 60g, 달걀노른자 2개

 분량 4인분
 난이도 ★★

1 헤이즐넛을 180℃ 오븐에서 10분 정도 굽거나 마른 팬에 노릇하게 볶은 다음 키친타월로 감싸 굵게 부숴요.

2 냄비에 우유와 생크림, 1의 헤이즐넛을 넣고 가장자리에 바글바글 거품이 생길 때까지만 끓여요.

3 2를 끓이는 동안 볼에 달걀노른자와 설탕을 담아 거품기로 충분히 섞어요.

4 3에 2를 붓고 다시 불에 올려 85℃가 될 때까지 거품기로 저어가며 끓여요.

5 체에 걸러 볼에 담고 얼음물이 담긴 커다란 볼에 담가요. 이때 체에 걸러진 헤이즐넛을 다시 넣고 5℃ 정도로 재빨리 식혀요.

6 용기에 담아 냉동실에 넣어 아이스크림이 단단해질 때까지 1시간 간격으로 서너 번 포크로 긁어주면 완성이에요.

espresso bean icecream

신 선 한 원 두 를 넣 어 만 든

에스프레소 빈 아이스크림

커피, 좋아하세요? 오늘은 커피를 내리는 대신 좋아하는 원두를 골라
아이스크림을 만들어보면 어떨까요? 커피보다 부드럽고 은은한 맛에 반해버릴 거예요.

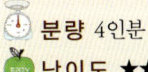

재료

우유 165g
생크림 165g
원두 15g
인스턴트커피 5g
설탕 70g
달걀노른자 2개
그뤼에 드 카카오 15g

분량 4인분
난이도 ★★

1 신선한 원두를 150℃ 오븐에서 5분 동안 구운 다음, 키친타월에 싸서 밀대로 굵게 부숴요.

2 우유와 생크림을 섞어 바글바글 거품이 생길 때까지만 끓인 후 1의 원두와 인스턴트커피를 넣어 실온에서 5분 정도 두어요.

3 체에 걸러 냄비에 담고 다시 불에 올려 바글바글 거품이 생길 때까지 끓여요.

4 볼에 달걀노른자와 설탕을 담아 거품기로 충분히 섞어요.

5 4에 3을 붓고 다시 불에 올려 85℃가 될 때까지 거품기로 저어가며 끓여요.

6 체에 걸러 볼에 담고 그뤼에 드 카카오를 넣어요. 얼음물을 담은 커다란 볼에 담가 재빨리 식혀요.

7 용기에 담아 냉동실에 넣어 아이스크림이 단단해질 때까지 1시간 간격으로 서너 번 포크로 긁어주면 완성이에요.

베이퀸의 달콤한 팁!

그뤼에 드 카카오 Grue de Cacao란?
카카오 원두의 껍질을 벗긴 후 섬세하게 구워 만든 카카오칩으로 약간 쌉싸래하면서 초콜릿 향이 깊고 고소해요. 식감도 좋아 아이스크림, 쿠키, 빵 등에 다양하게 사용해요. 초코칩 아이스크림이나 쿠키 등에 일반 초코칩 대신 사용하면 달지 않으면서 향과 맛은 고급스러워요.

peppermint & white chocochip icecream

파란 하늘을 닮은 맛!
페퍼민트 & 화이트 초코칩 아이스크림

페퍼민트의 상쾌한 향과 맛을 좋아하는 분들 많으시죠?
상쾌한 민트 향과 부드러운 화이트 초코칩의 만남은 뭉게구름이 떠 있는 파란 하늘 같은 맛이라고나 할까요?

재료

우유 180g
생크림 140g
설탕 50g
바닐라 빈 1/3개
달걀노른자 2개
페퍼민트 익스트랙트 1ts
화이트 초코칩 40g

분량 4인분
난이도 ★★

1 냄비에 우유와 생크림을 넣고 가장자리에 바글바글 거품이 생길 때까지만 끓여요.

2 1을 끓이는 동안 볼에 달걀노른자와 설탕을 담아 거품기로 충분히 섞어요.

3 2에 1을 붓고 다시 불에 올려 85℃가 될 때까지 거품기로 저어가며 끓여요.

4 체에 걸러 볼에 담고 얼음물이 담긴 커다란 볼에 담가 재빨리 식혀요.

베이퀸의 달콤한 팁!

페퍼민트 익스트랙트란?
페퍼민트 향이 나는 액체 향신료예요. 아이스크림을 만들 때는 물론 베이킹을 할 때나 음료를 만들 때도 두루 쓰이는 재료예요. 베이킹 재료 전문점이나 수입식품 전문점에서 구할 수 있어요.

> 페퍼민트 익스트랙트가 없으면 분량의 우유를 데운 후 민트 티백 2개를 넣고 5분 이상 우려 1부터 동일하게 만들어요.

5 페퍼민트 익스트랙트를 넣어 섞어요.

6 용기에 담아 1시간 정도 냉동실에서 굳힌 후 화이트 초코칩을 넣어 섞어요. 다시 냉동실에 넣고 1시간 간격으로 두세 번 포크로 긁어요.

chocolate chunk icecream

부 드 러 운 생 초 콜 릿 의 환 상 적 인 맛

생 초콜릿 청크 아이스크림

"파베(Pave) 초콜릿"이라고도 불리는 생 초콜릿. 입안에 들어가자마자
순식간에 녹아버리는 부드러운 생 초콜릿이 아이스크림 속에 숨어 있어요!

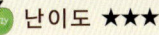

재료

생 초콜릿
다크커버처 초콜릿 117g
생크림 85g, 물엿 9g, 버터 22g
코코아 파우더 적당량

아이스크림
우유 180g, 생크림 140g, 설탕 50g
바닐라 빈 1/3개, 달걀노른자 2개
생 초콜릿 105g

분량 4인분

난이도 ★★★

| 생 초콜릿 만들기

1 데운 생크림, 물엿을 다크커버처 초콜릿을 담은 볼에 부어 잘 섞어요. 어느 정도 식으면 버터를 넣어 섞어요.

2 사각용기에 부어 냉장고에서 굳혀요.

| 아이스크림 만들기

3 2가 굳으면 잠시 냉동실에 넣었다가 적당한 크기로 잘라 코코아 파우더를 입혀요. 자른 후에는 냉장 보관하세요.

4 냄비에 우유, 생크림, 바닐라 빈을 넣고 가장자리에 바글바글 거품이 생길 때까지만 끓이세요. 바닐라 빈이 없으면 생략하세요.

5 4를 끓이는 동안 볼에 달걀노른자와 설탕을 담아 거품기로 충분히 섞어요.

6 5에 4를 붓고 다시 불에 올려 85℃가 될 때까지 거품기로 저어가며 끓여요.

7 체에 걸러 볼에 담고 얼음물을 담은 커다란 볼에 담가 약 5℃ 정도로 재빨리 식혀요.

8 용기에 담고 1시간 정도 냉동실에서 굳인 후 생 초콜릿을 넣어 섞고 1시간 간격으로 두세 번 포크로 긁어주면 완성이에요.

almond & chocolate swirl icecream

아몬드와 초콜릿의 맛있는 소용돌이

아몬드 & 초콜릿 스월 아이스크림

홈메이드 초콜릿소스와 노릇노릇 구운 아몬드가 준비되었다면 아몬드 & 초콜릿 스월 아이스크림을 만들어보세요! 소용돌이처럼 돌돌 말린 아이스크림 한 스푼이 기분 좋은 달콤함을 안겨줄 거예요.

재료

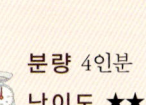

우유 180g
생크림 140g
설탕 50g
바닐라 빈 1/3개
달걀노른자 2개
초콜릿소스 50g
커피 1ts
칼루아 1과 1/2ts(생략 가능)
자른 아몬드 30g

분량 4인분
난이도 ★★

1 냄비에 우유, 생크림, 바닐라 빈을 넣고 가장자리에 바글바글 거품이 생길 때까지만 끓이세요.

2 1을 끓이는 동안 볼에 달걀노른자와 설탕을 담아 거품기로 충분히 섞어요.

3 2에 1을 붓고 다시 불에 올려 85℃가 될 때까지 거품기로 저어가며 끓여요.

4 체에 걸러 볼에 담고 얼음물을 담은 커다란 볼에 담가 재빨리 식혀 용기에 담아요. 2시간 정도 냉동실에서 굳혀요.

초콜릿소스 만들기가 번거롭다면 시판 초콜릿소스를 사용해도 돼요.

5 초콜릿소스, 커피, 칼루아를 섞어요. 깊고 진한 맛을 느끼려면 22p.를 참고하여 홈메이드 초콜릿소스를 만들면 좋아요.

아몬드는 구운 것을 사용하면 좋아요

6 4에 5와 아몬드를 넣어 대강 섞은 다음 다시 냉동실에 넣어 1시간 간격으로 두세 번 포크로 긁어주면 완성이에요.

cherry chocochip icecream

체리와 초코칩을 듬뿍 넣은
체리 초코칩 아이스크림

아마레나 체리는 야생 다크 체리를 가당 처리한 것으로 여러 종류의 체리 중에서 특히 맛과 향이 뛰어나요.
아이스크림 안에 진한 향의 아마레나 체리와 초코칩까지 들어가 멋진 하모니가 이루어졌어요.

재료

우유 180g
생크림 140g
설탕 50g
달걀노른자 2개
아마레나 체리 90g
레몬즙 1ts
초코칩 20g

분량 4인분
난이도 ★★

1 냄비에 우유와 생크림을 넣고 가장자리에 바글바글 거품이 생길 때까지만 끓여요.

2 1을 끓이는 동안 볼에 달걀노른자와 설탕을 담아 거품기로 충분히 섞어요.

3 2에 1을 붓고 다시 불에 올려 85℃가 될 때까지 거품기로 저어가며 끓여요.

4 체에 걸러 볼에 담고 얼음물을 담은 커다란 볼에 담가 재빨리 식혀요. 용기에 담고 2시간 정도 냉동실에서 굳혀요.

아마레나 체리 대신 다른 종류의 통조림 체리를 사용해도 돼요.

5 냄비에 체리와 레몬즙을 넣고 살짝 끓여서 식혀요. 체리는 잘라서 끓여도 좋아요.

6 4에 5와 초코칩를 넣어 대충 섞은 다음 다시 냉동실에 넣고 1시간 간격으로 두세 번 포크로 긁어주면 완성이에요.

caramel & coconut icecream

씹히는 맛이 매력적인

캐러멜 & 코코넛 아이스크림

아이스크림에 코코넛과 홈메이드 캐러멜소스가 휘리릭~
씹히는 맛이 좋은 코코넛에 부드럽고 달콤한 캐러멜까지 더해져 매력적인 아이스크림이 완성되었어요.

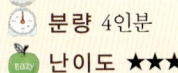**재료**

우유 180g
생크림 145g
바닐라 빈 1/3개
코코넛롱 50g
설탕 50g
달걀노른자 2개
럼 1TS
캐러멜소스 50g

분량 4인분
난이도 ★★★

1 냄비에 우유와 생크림, 코코넛롱을 넣고 가장자리에 바글바글 거품이 생길 때까지만 끓여요.

2 1을 끓이는 동안 볼에 달걀노른자와 설탕을 담아 거품기로 충분히 섞어요.

3 2에 1을 붓고 다시 불에 올려 85℃가 될 때까지 거품기로 저어가며 끓여요.

4 체에 걸러 볼에 담고 얼음물을 담은 커다란 볼에 담가 재빨리 식혀요. 걸러진 코코넛은 제거해요.

5 럼을 섞어 용기에 담고 2시간 정도 냉동실에서 굳혀요.

캐러멜소스는 81p.를 참고해서 만드세요.

6 캐러멜소스를 넣어 대강 섞은 다음 다시 냉동실에 넣고 1시간 간격으로 두세 번 포크로 긁어주면 완성이에요.

rasberry & cheesecake icecream

천국의 맛을 느껴보세요

라즈베리 & 치즈케이크 아이스크림

맛있는 치즈케이크와 새콤한 라즈베리까지! 모두 넣으면 어떤 맛의 아이스크림이 완성될까요?
한 스푼 입안에 넣는 순간, '이게 바로 천국의 맛이구나!' 느끼실 거예요.

재료

우유 180g, 생크림 140g, 설탕 50g, 달걀노른자 2개, 잘게 자른 치즈케이크 100g, 잘게 자른 라즈베리 30g

치즈 케이크(18×18cm 사각틀)

크림치즈 150g, 설탕 35g, 버터 25g, 레몬즙 7g, 달걀 1개, 생크림 70g, 박력분 20g

 분량 4인분

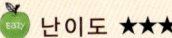 **난이도** ★★★

| 치즈케이크 만들기

1 크림치즈를 볼에 담아 풀다가 설탕을 넣어 섞어요. 그런 다음 버터를 넣고 거품기로 섞어요.

2 레몬즙, 달걀, 생크림 순으로 넣어 섞어요.

3 마지막으로 밀가루를 넣어 잘 섞어요.

| 아이스크림 만들기

4 케이크틀에 붓고 170℃ 오븐에서 30~40분간 구워요.

5 케이크가 식으면 적당한 크기로 잘라 냉장 보관해요.

6 냄비에 우유와 생크림을 넣고 가장자리에 바글바글 거품이 생길 때까지만 끓여요.

7 5를 끓이는 동안 볼에 달걀노른자와 설탕을 담아 거품기로 충분히 섞어요.

8 7에 6을 붓고 다시 불에 올려 85℃가 될 때까지 거품기로 저어가며 끓여요.

9 체에 걸러 볼에 담고 얼음물을 담은 커다란 볼에 담가 재빨리 식혀요.

10 용기에 담고 1시간 정도 냉동실에서 굳힌 후 라즈베리와 치즈케이크를 넣어 섞어요. 냉동실에 넣어 1시간 간격으로 두세 번 포크로 긁어주면 완성이에요.

베이퀸의 달콤한 팁!

치즈케이크

치즈케이크 아이스크림에 들어가는 치즈케이크는 아이스크림의 재료로도 훌륭하지만 치즈케이크 자체로 즐겨도 너무 맛있어요.
케이크틀의 바닥에 잘게 부순 오레오나 다이제스티브 쿠키 80g과 녹인 버터 25g을 섞어 깐 다음 치즈케이크 반죽을 부어 구워보세요. 집에서도 멋진 치즈케이크를 쉽고 맛있게 즐길 수 있어요.
원형틀을 이용해 구우면 케이크 모양이 예뻐 선물하기에도 좋고, 사각틀을 이용해 구우면 먹기 좋은 크기로 잘라 스틱 치즈케이크로 만들 수 있어요.

보너스 메뉴

아이스크림과 함께 즐기는 홈베이킹 메뉴

아이스크림만으로도 충분히 맛있지만 여러 가지 빵과 함께
먹으면 더욱 다양하게 즐길 수 있어요.
브라우니에 곁들이거나, 커스터드 크림 대신 슈에 넣어 아이스크림 슈를 만들거나,
잉글리시 머핀에 샌드해서 특별한 샌드위치를 만들어볼 수도 있지요.

brownie

아이스크림과 찰떡궁합

브라우니

진한 브라우니와 아이스크림은 참 잘 어울려요. 뜨거운 브라우니에 차가운 아이스크림을 얹어 먹어도, 차가운 브라우니에 아이스크림을 곁들여도 모두 맛있답니다.

재료

클래식 바닐라 아이스크림 적당량(26p.)

브라우니
버터 90g, 다크커버처 초콜릿 55g, 흑설탕 70g, 달걀 85g, 밀가루 박력분 30g, 코코아 파우더 20g, 호두 45g

 분량 18×18cm 사각틀 1개
 난이도 ★★

1 케이크틀에 유산지를 깔아요.

2 볼에 버터와 다크커버처 초콜릿을 넣고 중탕으로 덩어리 없이 녹여요.

3 흑설탕을 넣고 섞다가 달걀을 넣어 섞어요.

4 밀가루와 코코아 파우더를 함께 체 쳐서 넣고 잘 섞어요.

5 준비한 호두를 3분의 2분량 정도 넣고 섞어요.

6 유산지를 깐 틀에 붓고 남은 호두를 윗면에 올린 후 180℃ 오븐에서 25~30분간 구워요.

> 완성된 브라우니를 먹기 좋게 자르고, 클래식 바닐라 아이스크림을 곁들어요.

보너스 메뉴 둘!

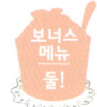

icecream chou

커스터드 대신 아이스크림을 채운

아이스크림 슈

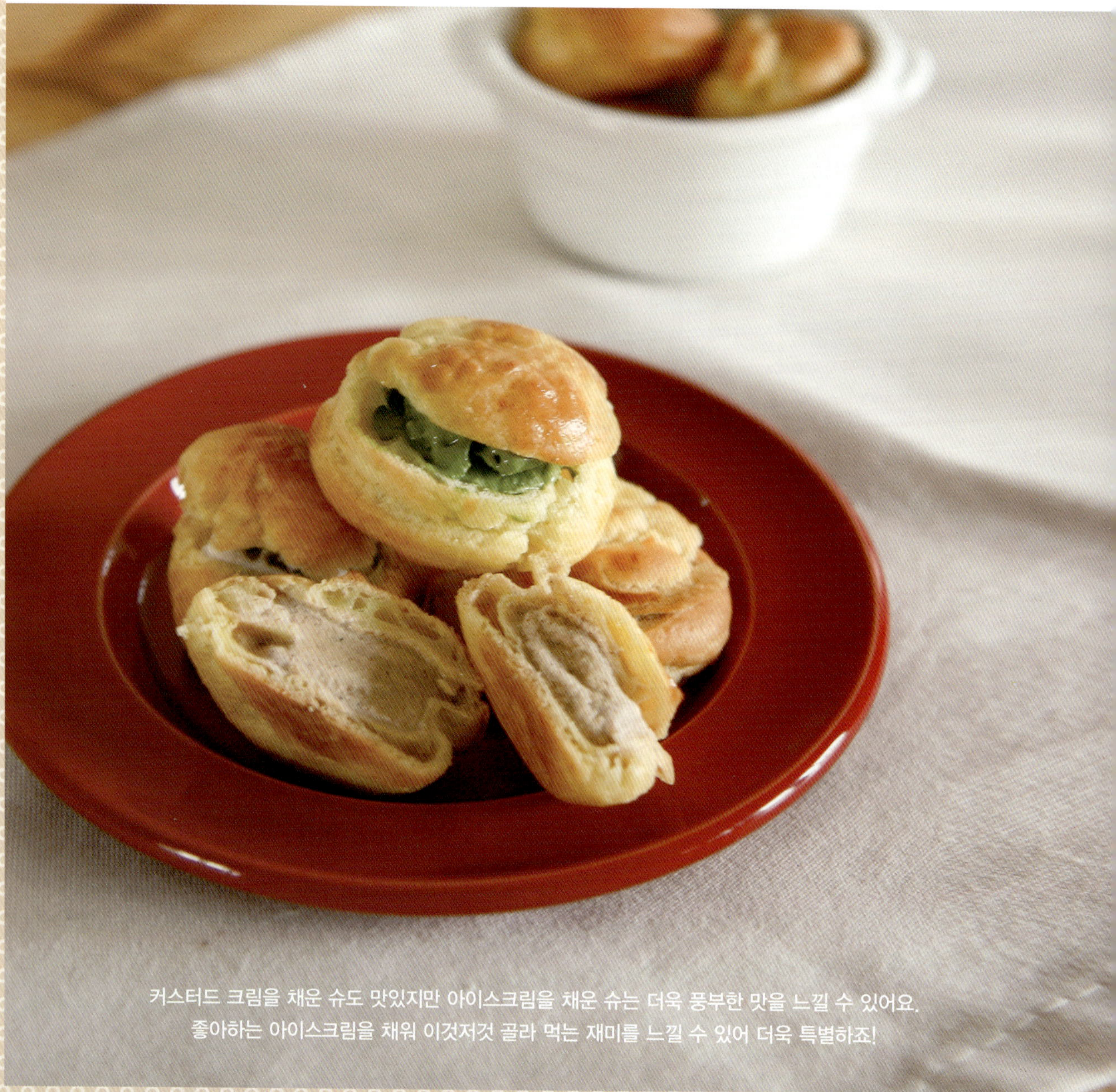

커스터드 크림을 채운 슈도 맛있지만 아이스크림을 채운 슈는 더욱 풍부한 맛을 느낄 수 있어요.
좋아하는 아이스크림을 채워 이것저것 골라 먹는 재미를 느낄 수 있어 더욱 특별하죠!

재료

좋아하는 아이스크림 적당량

슈
물 50g
우유 50g
소금 1/4ts
설탕 1/2ts
버터 40g
밀가루 박력분 60g
달걀물 150g 정도

 분량 지름 3cm 슈 23-25개

난이도 ★★★★

1 냄비에 물, 우유, 설탕, 소금, 잘게 자른 버터를 넣고 버터가 녹을 때까지 끓여요.

2 밀가루를 넣어 주걱으로 잘 섞어요. 뭉쳐지면 다시 약한 불에 올려 계속 저어요.

> 냄비 바닥에 얇은 막이 생기기 시작하면 불에서 내려요. 약 3분 정도예요.

3 2를 볼에 옮긴 후 달걀물(130g)을 조금씩 넣어가며 섞어요.

4 주걱 끝에 반죽이 삼각형 모양으로 남아 뚝뚝 떨어지는 농도가 적당해요..

> 달걀물을 적당히 가감하며 농도를 조절하세요.

5 반죽을 짤주머니에 넣어 오븐 팬에 짠 후 달걀물을 살짝 바르고 포크로 반죽 윗면에 십자 모양을 내 180℃ 오븐에서 20분간 구워요.

6 구워진 슈 윗면을 약간 잘라 아이스크림으로 속을 채우고 냉동실에 보관해요.

English muffin sandwich

아이스크림을 샌드해서 먹는

잉글리시 머핀 샌드위치

재료
좋아하는 아이스크림 적당량
잉글리시 머핀 2개

분량 2인분
난이도 ★

뉴욕에서 요리 수업을 들을 때 셰프가 추천한 것이 잉글리시 머핀에 아이스크림을 샌드해서 먹는 샌드위치였어요. 주로 아침식사로 즐기는 빵인 잉글리시 머핀과 아이스크림의 만남이라니…. 생각지도 못한 조합이었지만 맛은 정말 좋답니다.

1 시중에 판매하는 잉글리시 머핀을 준비하는데 취향에 맞게 살짝 토스트해도 좋아요.

2 1을 반으로 슬라이스해요.

3 잉글리시 머핀 사이에 아이스크림을 샌드해요.

crepe with icecream

갓 구운 크레페와 아이스크림의 만남

아이스크림 크레페

재료

우유 100g
달걀 1개
녹인 버터 20g
바닐라 오일 1/4ts
밀가루 박력분 35g
설탕 20g
소금 약간
좋아하는 아이스크림 적당량

분량 지름 22cm 크레페 6장

난이도 ★

갓 구운 부드러운 크레페에 홈메이드 아이스크림을 더하면 우리 집도 근사한 카페로 변신! 취향에 따라 과일이나 다양한 소스를 곁들이면 나만의 특별한 디저트 완성이에요.

좋아하는 아이스크림을 곁들여 먹어요.

1 볼에 달걀, 우유, 녹인 버터, 바닐라 오일을 넣고 섞어요.

2 밀가루, 설탕, 소금을 함께 체 쳐 1에 넣고 거품기로 섞어요.

3 랩을 씌워 냉장고에서 30분 이상 두어요.

4 달군 팬에 식용유를 살짝 둘러 반죽을 부어 굽고 가장자리가 바삭하게 익으면 뒤집어 구워요.

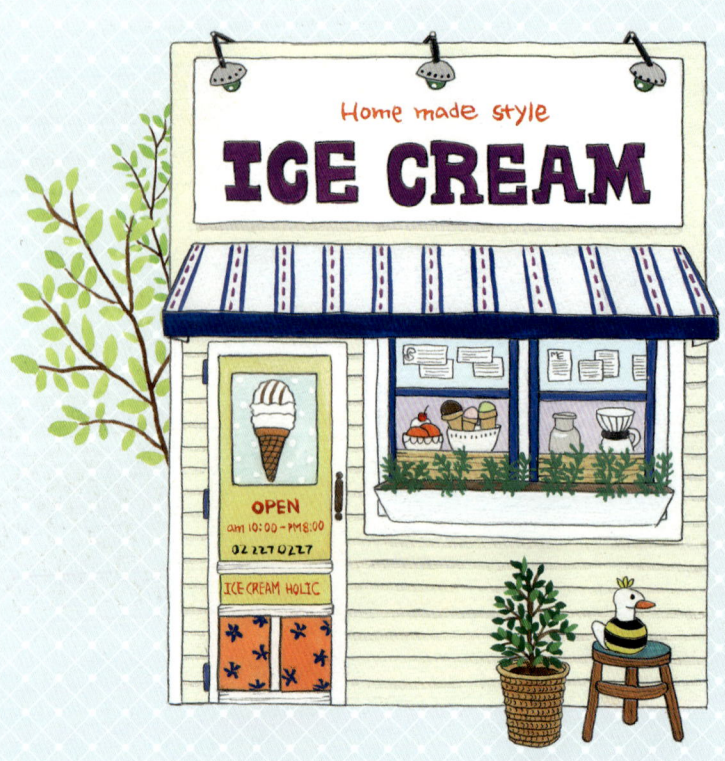

PART 2

담백하고 깔끔한
다이어트 아이스크림

필라델피아 스타일이라고도 부르는
아메리칸 스타일의 아이스크림은
열량이 비교적 낮은 편이며
맛이 담백해서 자주 먹어도 질리지 않아요.
만드는 방법도 간단한 편이랍니다.
상큼한 요거트 아이스크림도 함께 만나보세요.

light vanilla icecream

산뜻하고 가벼운 맛

라이트 바닐라 아이스크림

재료
우유 250g
생크림 150g
설탕 55g
바닐라 빈 1/3개

분량 4인분
난이도 ★

클래식한 아이스크림도 좋지만 가끔은 산뜻하고 가벼운 맛의 아이스크림이 생각날 때도 있죠. 맛도 심플, 만드는 과정도 심플한 라이트 바닐라 아이스크림의 매력에 빠져볼까요?

1 냄비에 우유, 생크림, 설탕, 바닐라 빈 껍질을 담고 섞어요. 불에 올려 설탕이 녹을 때까지만 끓여도 좋아요.

2 최소 3시간에서 최대 3일간 냉장 보관해요. 이렇게 하면 식감이 훨씬 좋은 아이스크림을 만들 수 있어요.

3 바닐라 껍질을 제거한 다음 냉동실로 옮겨 1시간 간격으로 서너 번 포크로 긁어 완성해요.

earl grey icecream

홍차 한 잔을 마시는 느낌

얼그레이 아이스크림

재료

생수 100g
얼그레이 티백 2개(또는 잎차 5g)
우유 125g
생크림 75g
꿀 70g
레몬즙 1/4ts

분량 3인분

난이도 ★★

얼그레이를 우려 만든 아이스크림이라 한입만 먹어도 입안 가득 부드럽고 은은한 향이 그윽하게 퍼진답니다. 차갑고 달콤한 홍차 한잔을 마시는 듯한 느낌이에요.

1 끓인 생수에 얼그레이 티백을 넣어 5분 정도 우린 후 티백을 건져내고 차갑게 식혀요. 티백 대신 잎차를 우려서 사용해도 좋아요.

2 1에 우유, 생크림, 꿀, 레몬즙을 볼에 넣어 잘 섞은 다음 최소 3시간에서 최대 3일 정도 냉장 보관하며 숙성시켜요.

3 냉동실에 넣어 1시간 간격으로 서너 번 포크로 긁어주면 완성이에요.

condensed milk icecream

군더더기 없이 깔끔한 맛

연유 아이스크림

신선한 우유를 농축시켜 만든 홈메이드 연유로 만든 아이스크림이에요.
다른 재료 넣지 않고 연유로만 만들어 깔끔하고 달콤한 맛을 느낄 수 있답니다.

재료

우유 200g
생크림 75g

홈메이드 연유
우유 600g
설탕 100g

분량 4~5인분
난이도 ★★★

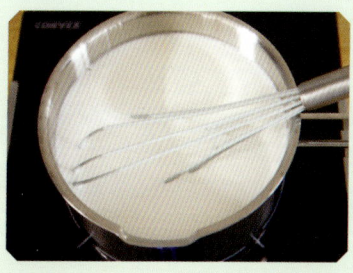

1 먼저 홈메이드 연유를 만들어요. 냄비에 우유, 설탕을 담고 중간 불로 가열하다가 우유가 끓으면 약한 불로 줄여 저어가며 끓여요.

2 끓을 때 생기는 거품과 우유막은 제거해요.

3 40~50분 정도 끓이면 우유가 졸아들고 베이지색으로 변하면서 연유가 완성돼요.

홈메이드 연유 대신 시판 연유를 사용할 때는 맛을 보면서 양을 조절하세요.

4 우유, 생크림, 3의 연유 300g을 잘 섞고 3시간에서 3일 정도 냉장 보관해요.

5 냉동실에 넣어 1시간 간격으로 서너 번 포크로 긁어주면 완성이에요.

베이퀸의 **달콤한 팁!**

아이스크림을 만들고 남은 연유는?
홈메이드 연유가 남았다면 바게트나 식빵, 머핀 등의 담백한 빵에 발라 먹는 연유크림으로도 즐겨보세요. 거품기로 버터 100g을 잘 푼 다음, 슈거파우더 15g을 넣고 섞어요. 그런 다음 홈메이드 연유 40g을 넣고 잘 섞기만 하면 연유크림 완성! 밀폐용기에 담아 냉장 보관하여 일주일 안에 드세요.

maple pecan icecream

메이플시럽과 피칸의 맛있는 조화

메이플 피칸 아이스크림

향이 좋은 메이플시럽과 깔끔한 맛이 특징인 피칸은 정말 잘 어울려요.
끓여서 식힌 메이플시럽과 구운 피칸을 이용해야 더욱 깊은 맛을 느낄 수 있다는 점, 기억하세요.

재료

우유 250g
생크림 150g
메이플시럽A 40g
메이플시럽B 30g
잘게 자른 피칸 50g

 분량 4인분
난이도 ★★

1 잘게 자른 피칸을 180℃ 오븐에서 10~15분간 굽거나 마른 팬에 살짝 볶아요.

2 우유, 생크림, 메이플시럽A를 용기에 담아 잘 섞어요.

3 최소 3시간에서 최대 3일 정도 냉장 보관해요.

4 메이플시럽B를 끓인 다음 식혀요.

 **베이퀸의 달콤한 팁!**

메이플시럽은 그냥 먹어도 맛있지만 약한 불에서 3~5분 끓이면 향이 훨씬 진해서 더 맛있어요.
아이스크림을 만들거나 홈베이킹을 하다보면 여러 종류의 견과류를 사용하게 돼요. 견과류는 오븐에서 굽거나 마른 팬에 살짝 볶아서 사용하면 잡냄새나 씁쓸한맛도 없어지고 고유의 고소한 맛이 살아나 훨씬 맛있어요.

5 3을 1시간 정도 냉동실에서 굳힌 후 피칸, 4의 시럽을 넣어 섞어요.

6 다시 냉동실에 넣어 1시간 간격으로 두세 번 포크로 긁어주면 완성이에요.

banana & condensed milk icecream

잘 익은 바나나와 홈메이드 연유의 만남

바나나 연유 아이스크림

시판 연유도 맛있지만 홈메이드 연유는 내 입맛에 맞게 단맛을 조절할 수 있고 훨씬 깔끔한 맛이라 좋아요.
잘 익은 바나나와 연유가 만나면 부드럽고 달콤한 아이스크림이 완성되지요.

재료

우유 250g, 생크림 150g
설탕 150g, 바나나 2개
레몬즙 2TS

홈메이드 연유
우유 900g, 설탕 150g

분량 4인분
난이도 ★★★

> 거품과 우유막을 잘 제거해요.

1 먼저 홈메이드 연유를 만들어요. 냄비에 우유와 설탕을 담고 중간 불로 가열하다가 우유가 끓으면 약한 불로 줄여 저어가며 끓여요.

2 40~50분간 끓이면 우유가 베이지색이 되면서 연유가 완성돼요.

> 시판 연유를 사용할 때는 맛을 보면서 양을 조절하세요.

3 우유와 생크림, 홈메이드 연유 300g을 잘 섞고 3시간에서 3일 정도 냉장 보관한 다음 냉동실에서 1시간 정도 굳혀요.

4 바나나를 포크로 으깨고 레몬즙을 섞은 후 냉장 보관해요. 검은 반점이 생길 정도로 푹 익은 바나나를 사용해야 더욱 맛있어요.

베이퀸의 달콤 팁!

홈메이드 연유 만들기

연유는 시중에서 쉽게 구입할 수 있지만 자주 사용하지 않는 재료라 남은 것은 유통기한이 지나 버리기 일쑤예요. 집에서 연유를 만들면 필요한 양만큼만 만들어 사용할 수 있고, 깔끔한 맛을 즐길 수 있어요. 아이스크림은 물론 잼 대용으로 사용하거나 생크림과 함께 휘핑하여 연유 생크림으로 사용할 수도 있어요. 과일에 뿌려 먹는 소스로도 좋아요. 홈메이드 연유는 냉장 보관하며 3~5일 안에 드세요.

5 3을 꺼내 4와 섞은 후 다시 냉동실에 넣고 1시간 간격으로 두세 번 포크로 긁어주면 완성이에요.

cookie & cream icecream
건강하고 담백하게 만든
쿠키 & 크림 아이스크림

마트에서 파는 아이스크림 중 가장 인기 많은 제품 중 하나인 쿠키와 크림이 섞여 있는 아이스크림. 베이퀸표 쿠키 & 크림 아이스크림은 향은 진하고 맛은 담백해 누구나 좋아할 거예요.

재료

우유 250g
생크림 150g
설탕 50g
바닐라 빈 1/3개
오레오 쿠키 40g

 분량 4인분

난이도 ★

설탕이 녹을 정도로 가볍게 끓여도 좋아요.

1 우유, 생크림, 설탕, 바닐라 빈을 잘 섞어요.

2 최소 3시간에서 최대 3일 정도 냉장 보관한 후 냉동실에서 1시간 정도 굳혀요.

3 쿠키에 샌드되어 있는 크림을 제거하고 잘게 부숴요.

4 2에 3의 쿠키를 모두 넣고 골고루 섞어요.

베이퀸의 달콤한 팁!

쿠키 & 크림 아이스크림은 먹기 편한 아이스바 모양으로도 만들어보세요. 과정 4까지 마친 후 아이스바 틀에 부어 냉동실에 얼리면 완성이에요. 중간중간 긁어주는 수고 없이 빠른 시간에 시판 아이스바보다 훨씬 맛있는 홈메이드 아이스바를 완성할 수 있어요.

5 냉동실에 다시 넣어 1시간 간격으로 두세 번 포크로 긁어주면 완성이에요.

melon iceblock

싱그러운 초록 빛깔 아이스바

멜론 아이스바

 재료

껍질 벗긴 멜론 250g
우유 80g
생크림 160g
설탕 20g
럼 1ts

분량 아이스바 4~5개
난이도 ★

아이스바로도 싱그러운
초록 빛깔 멜론의 맛을 그대로 느낄 수 있어요.
아이스바로 만들면 먹기도 편해
가족들의 간식으로 딱 좋아요.

1 멜론은 껍질을 벗기고 씨를 제거한 과육만 잘라 푸드 프로세서에 넣어 곱게 갈아요. 멜론은 충분히 익은 것을 사용해야 맛과 향이 좋아요.

2 우유, 생크림, 설탕, 럼 섞은 것을 부어 다시 돌려요. 아이가 먹을 것이라면 럼은 생략하세요.

3 용기에 붓고 스틱을 꽂아 얼려요. 아이스크림이 용기에서 잘 안 빠질 때는 따뜻한 행주로 용기를 잠시 감싸면 쉽게 빠져요.

lavender honey icecream

라벤더의 향을 느껴보세요

라벤더 허니 아이스크림

 재료

우유 250g
라벤더 티백 2개(또는 잎차 1g)
생크림 150g
꿀 90g
럼 2ts

 분량 4인분

 난이도 ★

영화 〈사랑은 너무 복잡해〉에서 제인이 잠이 오지 않는 밤마다 만들어 먹던 라벤더 허니 아이스크림! 향긋한 라벤더 허니 아이스크림 한입이면 영화 속 제인과 제이크처럼 달콤한 시간을 보낼 수 있을까요?

1 우유를 데워서 라벤더 티백을 넣고 실온에서 10분 정도 우려요.

2 라벤더 우유에 생크림, 꿀, 럼을 넣어 잘 섞어요. 최소 3시간에서 최대 3일 정도 냉장 보관해요.

3 냉동실에 넣어 아이스크림이 단단해질 때까지 1시간 간격으로 서너 번 포크로 긁어주면 완성이에요.

cappuccino icecream

카푸치노가 아이스크림으로 변신하다

카푸치노 아이스크림

 재료

우유 250g
생크림 150g
설탕 60g
시나몬 파우더 1ts
인스턴트커피 2ts

 분량 4인분
 난이도 ★

우유 거품 위에 시나몬 파우더를 솔솔 뿌린 카푸치노, 좋아하시죠? 커피와 시나몬의 환상적인 맛은 아이스크림으로 변신해도 변함이 없지요.

1 시나몬 파우더, 인스턴트커피 1과 1/2ts, 우유, 생크림, 설탕을 넣어 잘 섞어요. 최소 3시간에서 최대 3일 정도 냉장 보관해요.

2 2시간 정도 냉동실에서 굳힌 후 나머지 인스턴트커피 1/2ts을 넣어 잘 섞어요.

3 다시 냉동실에 넣어 1시간 간격으로 두세 번 포크로 긁어주면 완성이에요.

mandarin orange icecream

귤과 초코칩의 행복한 만남

귤 초코칩 아이스크림

 재료

버터밀크 200g(우유 180g+레몬즙 30g으로 대체 가능)
귤즙 2개 분량(약 60g)
설탕 50g
오렌지 제스트 4g
초코칩 35g

분량 3인분

난이도 ★

상큼한 귤과 초코칩이 아이스크림 안에 콕콕 박힌 귤 초코칩 아이스크림~ 새콤, 상큼하면서도 달콤한 그 맛에 반해버릴 거예요.

1 버터밀크를 준비해요. 버터밀크가 없다면 우유와 레몬즙을 섞어 실온에서 15분 정도 두어 우유가 몽글몽글 해지면 사용하세요.

2 귤즙, 설탕, 오렌지 제스트를 넣어 거품기로 섞은 다음 용기에 담아 3시간 이상 냉장 보관해요.

3 냉동실에 1시간 정도 굳힌 다음 초코칩을 넣어 섞고 다시 냉동실에 넣어 1시간 간격으로 두세 번 포크로 긁어 완성해요.

베이퀸의 달콤한 팁!

버터밀크란?
버터 제조 과정에서 얻는 액체 혼합물을 버터밀크하고 해요. 지방 함량이 낮고 젖산 등의 영양소가 풍부하게 들어 있지요. 빵이나 케이크 등에 사용하면 맛을 돋우는 역할을 하지만 국내에서는 구입하기 어려워요. 필요할 때마다 우유와 레몬즙을 이용하여 직접 만들면 좋아요.

caramel swirl icecream

쫄깃쫄깃 달콤한 캐러멜이 듬뿍~

캐러멜 스월 아이스크림

산뜻하고 은은한 향의 바닐라 아이스크림에 쫄깃하게 씹히는 달콤 쌉쌀한 캐러멜이 휘리릭~
한입 먹으면 멈출 수 없는 그 유혹적인 맛에 자꾸만 만들게 돼요.

재료

우유 250g
생크림 150g
설탕 55g
바닐라 빈 1/3개 (생략 가능)

캐러멜
설탕 35g
물 5g
생크림 40g

분량 4인분
난이도 ★★★

| 캐러멜 만들기

1 캐러멜을 만들어요. 먼저 생크림을 뜨겁게 데워요.

2 다른 냄비에 물과 설탕을 넣고 약한 불에서 끓여요. 쉽게 끓어오르니 넉넉한 냄비를 이용하세요.

생크림을 붓는 순간 부글거리며 끓어오르니 조심하세요.

3 2가 갈색이 돌면 불에서 내려 1의 생크림을 조금씩 부어 주걱으로 섞은 다음 냉장 보관해요.

| 아이스크림 만들기

4 우유, 생크림, 설탕, 바닐라 빈을 볼에 담아 잘 섞어요. 그런 다음 최소 3시간에서 최대 3일 정도 냉장 보관해요.

베이퀸의 하나 더 레시피!

완소~캐러멜!
캐러멜은 한번 만들어 놓으면 아이스크림뿐만 아니라 식빵같은 담백한 빵에 잼 대신 발라먹어도 정말 맛있어요. 특히 생크림이 애매하게 남았을 때 캐러멜로 만들어 놓으면 좋지요. 캐러멜은 반드시 냉장 보관하세요.

캐러멜이 말랑말랑 씹힐 수 있게 하려면 살짝 섞고, 완벽하게 섞고 싶으면 푸드 프로세서를 이용하세요.

5 용기에 담아 1시간 정도 냉동실에서 굳힌 후 3의 캐러멜을 부어 대충 섞어요.

6 다시 냉동실에 넣어 1시간 간격으로 서너 번 포크로 긁어주면 완성이에요.

honey yogurt icecream

상큼하고 산뜻한 맛
허니 요거트 아이스크림

재료
플레인 요거트 200g
우유 50g
꿀 25g
바닐라 빈 1/4개

분량 4인분
난이도 ★

상큼하고 산뜻한 아이스크림이 생각나는 날엔 요거트와 꿀로 만든 허니 요거트 아이스크림을 만들어보세요. 쉽게 뚝딱 만들 수 있는 아이스크림이에요!

1 볼에 플레인 요거트, 우유, 꿀, 바닐라 빈을 담고 거품기로 섞어요.

2 용기에 담아 최소 3시간에서 최대 3일 정도 냉장 보관해요.

3 냉동실로 옮겨 1시간 간격으로 서너 번 포크로 긁어주면 완성이에요.

berry yogurt icecream

핑 크 빛 의 특 별 한 아 이 스 크 림

베리 요거트 아이스크림

 재료

딸기 165g
라즈베리 70g
설탕 55g
플레인 요거트 200g

 **분량** 4인분
 **난이도** ★★

딸기와 라즈베리가 요거트와 만났어요.
빨간 딸기와 라즈베리가 콕콕 박힌 핑크빛
아이스크림이라 보는 것만으로도 새콤달콤한
맛이 그대로 느껴져요.

1 푸드 프로세서에 딸기, 라즈베리, 설탕을 넣고 부드러운 질감이 될 때까지 돌려요.

딸기, 라즈베리 두 가지 과일 중 한 가지만 준비해도 좋아요

2 체에 걸러 씨를 제거하면 고운 베리 퓨레가 만들어져요.

3 플레인 요거트를 넣어 잘 섞어요. 용기에 담고 3시간에서 3일 정도 냉장 보관해요.

4 냉동실로 옮겨 1시간 간격으로 서너 번 포크로 긁어주면 완성이에요.

cocoa raspberry yogurt icecream

세 가지 재료의 환상적인 만남
코코아 라즈베리 요거트 아이스크림

더운 여름에는 너무 진한 초코 아이스크림보다는 가벼운 느낌의 코코아 아이스크림이 더 잘 어울리지요
코코아와 라즈베리, 요거트를 함께 넣어 만든 산뜻한 아이스크림, 그 맛이 궁금하지 않으세요?

재료

플레인 요거트 200g
설탕 50g
소금 약간
무가당 코코아 파우더 30g
라즈베리 퓌레 80g
프랑보아즈 리큐르(또는 럼) 1ts

분량 4인분
난이도 ★★

1 볼에 플레인 요거트, 설탕, 소금, 무가당 코코아 파우더를 담고 거품기로 섞어요.

2 용기에 담고 2시간 정도 냉동실에서 굳혀요.

3 라즈베리 퓌레는 살짝 끓여 프랑보아즈 리큐르를 섞어 식혀요.

4 2에 3을 부어 대강 섞어요.

5 다시 냉동실에 넣어 1시간 간격으로 두세 번 포크로 긁어주면 완성이에요.

베이퀸의 달콤한 팁!

프랑보아즈 리큐르란?

산딸기로 만든 술로 향긋한 산딸기 향과 선명한 붉은 색이 특징이에요. 아이스크림을 물론 케이크, 초콜릿 등을 만들 때 사용하면 맛과 향을 더욱 돋우는 역할을 해요. 베이킹재료 전문점에서 구입할 수 있어요.

PART 3

시원하고 상큼한
소르베 · 그라니타 · 빙수

사각사각 얼음과자를 먹는 것처럼
시원한 여름 디저트만 모았어요.
상큼한 과일 맛이 그대로 느껴지는 소르베,
가슴 속까지 시원한 그라니타,
언제 먹어도 맛있는 빙수를 만나보세요!

raspberry sorbet

더위를 잊게 해주는 상큼한 소르베

라즈베리 소르베

새콤한 맛과 향, 강렬한 색깔까지 너무나 매력적인 과일, 라즈베리.
신선한 라즈베리로 무더운 여름을 시원하게 보내게 해줄 아이스크림을 만들어볼까요?

재료

생수 75g
설탕 75g
시판 라즈베리 퓌레 450g
레몬즙 1TS
프랑보아즈 리큐르 2ts

분량 4인분

난이도 ★

베이퀸의 달콤한 팁!

홈메이드 라즈베리 퓌레

라즈베리 퓌레는 베이킹 재료 전문점에서 쉽게 구입할 수 있지만, 집에서도 직접 만들 수 있어요.
라즈베리 500g과 설탕 25g을 냄비에 넣고 15분 정도 약한 불에서 끓인 후 레몬즙 15g을 섞고 푸드 프로세서에 넣어 갈아요. 체에 걸러 고운 퓌레를 완성하는데 냉동 보관하면 오랫동안 요긴하게 사용할 수 있어요.

1 먼저 시럽을 만들어요. 냄비에 설탕과 생수를 넣어 녹을 때까지 끓여요.

2 체에 걸러 볼에 담아 식혀요.

3 라즈베리 퓌레를 살짝 끓여요.

4 3에 시럽, 레몬즙, 프랑보아즈 리큐르를 섞은 것을 넣어 잘 섞어주세요.

> 프랑보아즈 리큐르가 없으면 생략해도 괜찮아요.

5 체에 걸러 맛을 본 다음 더욱 새콤한 맛을 원할 때는 레몬즙을 추가로 첨가해요.

6 용기에 담아 냉동실에 넣어 소르베가 단단해질 때까지 1시간 간격으로 서너 번 포크로 긁어주면 완성이에요.

kiwi & lime sorbet

새콤 달콤 깔끔!

키위 & 라임 소르베

재료

키위(중간 크기) 4개
라임즙 25g
설탕 75g
생수 10g

분량 4인분

난이도 ★

솔직히 키위를 즐겨 먹지는 않아요. 그런데 키위로 소르베를 만들면 왜 이렇게 맛있을까요. 제가 키위를 구입하는 건 모두 소르베를 만들기 위해서예요. 오늘도 장바구니에는 키위가 가득하답니다.

라임즙은 시판 라임즙으로 대체해도 좋아요.

1 푸드 프로세서에 키위, 생수, 설탕, 라임즙을 넣어요. 키위의 씨까지 갈면 소르베의 색이 예쁘지 않으니 씨는 갈리지 않도록 살짝만 갈아요.

2 키위의 당도에 따라 맛이 달라지므로 맛을 보고 신맛이 강하면 설탕을 10g 내외로 더 넣어요.

3 용기에 담아 냉동실에 넣어 소르베가 단단해질 때까지 1시간 간격으로 서너 번 포크로 긁어주면 완성이에요.

strawberry sorbet

여자들이 가장 좋아하는 소르베

딸기 소르베

 재료
딸기 200g
설탕 80g
생수 100g
물엿 15g

분량 4인분
난이도 ★

딸기로 만든 아이스크림은 여자들에게 늘 인기예요. 친구들끼리 모이는 날, 디저트로 딸기 소르베를 준비하면 다들 너무 상큼하고 맛있다며 두 잔씩은 거뜬히 해치운답니다.

1 냄비에 설탕과 생수, 물엿을 넣어 녹을 때까지 끓인 다음 체에 걸러 식혀요.

2 푸드 프로세서에 딸기와 1의 시럽을 넣어 갈아요.

3 용기에 담아 냉동실에 넣어 아이스크림이 단단해질 때까지 1시간 간격으로 서너 번 포크로 긁어주면 완성이에요.

apricot sorbet

은은한 색과 향이 매력적인

살구 소르베

재료

생수 250g
설탕 85g
물엿 10g
살구 225g(통조림 또는 생과일 모두 동일한 분량)
오렌지즙 20g
아마레토 1ts
레몬즙 1ts

 **분량** 4~5인분
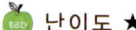 **난이도** ★

살구의 은은한 향과 맛을 사랑해요.
살구로 만든 살구 소르베에는 사랑의 리큐르라
불리는 아마레토가 들어가야 제맛이죠.
살구 소르베의 진정한 맛을 꼭 한번 느껴보세요!

1 먼저 시럽을 만들어요. 냄비에 생수와 설탕, 물엿을 넣어 녹을 때까지 끓인 다음 체에 걸러 식혀요.

2 푸드 프로세서에 시럽과 살구, 오렌지즙, 아마레토, 레몬즙을 넣어 갈아요.

3 용기에 담아 냉동실에 넣어 소르베가 단단해질 때까지 1시간 간격으로 서너 번 포크로 긁어주면 완성이에요.

베이퀸의 달콤한 팁!

사랑의 리큐르, 아마레토

아마레토는 살구씨를 원료로 아몬드 또는 아몬드 향을 첨가해 만든 리큐르예요. 베이킹이나 카테일을 만들 때 이용하는 아마레토는 달콤 쌉싸래한 맛 때문에 이탈리아에서는 '사랑의 리큐르'라 불리기도 한대요.

banana sorbet

잘 익은 바나나를 휘리릭 갈아 만든
바나나 소르베

재료
바나나 3개
생수 100g
설탕 100g
레몬즙 2TS
럼 1TS

분량 4인분
난이도 ★

무더운 여름엔 하루만 둬도 물렁물렁
금방 점박이 바나나가 되고 말아요.
너무 익은 바나나는 휘리릭 갈아 시원한
바나나 소르베로 변신시켜보세요.

1 푸드 프로세서에 바나나, 생수, 설탕, 레몬즙, 럼을 넣어요.

2 부드러운 질감이 될 때까지 곱게 갈아요.

3 용기에 담아 냉동실에 넣어 소르베가 단단해질 때까지 1시간 간격으로 서너 번 포크로 긁어주면 완성이에요.

beer sorbet

어른들을 위한 색다른 디저트

맥주 소르베

재료

맥주 255g
설탕 55g
레몬즙 1TS

분량 4인분
난이도 ★

맥주 특유의 쌉쌀한 맛이 느껴지는 것은 물론, 입안에서 사르륵 녹는 부드러운 소르베예요. 맛있고 부드럽다고 너무 많이 먹으면 취할 수도 있다는 사실!

1 볼에 맥주, 설탕, 레몬즙을 담아 설탕이 완전히 녹을 때까지 섞어요. 취향에 따라 흑맥주를 사용하면 색다른 맛을 느낄 수 있어요.

2 최소 3시간에서 최대 3일까지 냉장 보관해요.

3 용기에 담아 냉동실에 넣어 소르베가 단단해질 때까지 1시간 간격으로 서너 번 포크로 긁어주면 완성이에요.

melon sorbet

멜론을 더 맛있게 즐기는 방법

멜론 소르베

 재료
껍질 벗기고 씨를 제거한 멜론 450g
설탕 25g
라임즙 1TS(약 15g)

 분량 4인분
 난이도 ★

잘 익은 멜론이 있으면 소르베를 만들어보세요.
싱그러운 멜론 맛이 풍부하게 느껴져요.
라임즙도 함께 넣어 더욱 상큼하고 신선해요.

라임즙 대신 레몬즙을 사용해도 좋아요.

끓인 시럽을 사용하지 않는 소르베는 냉장 보관한 후 냉동시켜 만들면 식감이 더욱 좋아요.

1 멜론 과육을 푸드 프로세서에 넣어 곱게 갈아요.

2 설탕과 라임즙을 넣고 설탕이 녹을 때까지 돌려요.

3 용기에 담아 2시간 정도 냉장 보관해요.

4 냉동실로 옮겨 소르베가 단단해질 때까지 1시간 간격으로 서너 번 포크로 긁어주면 완성이에요.

watermelon sorbet

여름에 먹는 최고의 디저트!

수박 소르베

입맛 없는 여름에는 수박이 밥보다 맛있어서 자꾸 수박만 찾게 돼요.
그래도 밥은 꼬박꼬박 챙겨 드세요. 수박으로 만든 수박 소르베라는 훌륭한 디저트가 있으니까요.

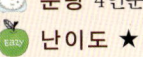
재료

껍질 벗긴 수박 450g
설탕 40g
레몬즙 1과 1/2TS
럼 3ts

분량 4인분

난이도 ★

1 수박 과육을 잘라 푸드 프로세서에 넣고 곱게 갈아요.

2 설탕, 레몬즙, 럼을 넣고 설탕이 녹을 때까지 돌려요.

3 체에 곱게 거르면 수박 퓌레 완성이에요.

4 수박 퓌레는 2시간 정도 냉장 보관해요.

5 4를 냉동실에 넣어 소르베가 단단해질 때까지 1시간 간격으로 서너 번 포크로 긁어주면 완성이에요.

lemon granita

비타민 C가 듬뿍~
레몬 그라니타

재료
생수 250g
설탕 50g
레몬즙 1개 분량

분량 4인분
난이도 ★

쉽게 지치고 피곤하다고요? 이럴 땐 비타민 C가 듬뿍 들어간 레몬 그라니타를 추천해요!
사각사각 레몬맛 그라니타가 입안에서 사르르~

1 먼저 시럽을 만들어요. 냄비에 설탕과 생수를 담고 녹을 때까지 끓인 다음 체에 걸러 식혀요.

2 레몬즙을 섞는데 레몬이 없으면 시판 레몬즙 35g을 사용해도 좋아요.

3 용기에 담고 1시간 간격으로 굵은 입자가 생길 때까지 포크로 긁어요. 서너 번 반복하면 입안에서 사르륵 녹는 식감으로 완성돼요.

orange granita
누구에게나 환영받는
오렌지 그라니타

재료
생수 250g
설탕 40g
오렌지즙 1개 분량

분량 4인분
난이도 ★

오렌지의 친근한 맛과 향 때문일까요.
오렌지 그라니타는 언제 어디서나 누구에게나
사랑받는 디저트예요. 갑작스럽게 손님이
찾아왔을 때 후다닥 만들어 대접하기에도 좋지요.

1 먼저 시럽을 만들어요. 냄비에 설탕과 생수를 담고 녹을 때까지 끓인 다음 체에 걸러 식혀요.

2 오렌지즙을 넣어 섞는데 좀 더 새콤한 맛을 원하면 레몬즙을 약간 넣으세요.

3 용기에 담고 1시간 간격으로 굵은 입자가 생길 때까지 포크로 긁어요. 서너 번 반복하면 입안에서 사르륵 녹는 식감으로 완성돼요.

blueberry granita

그라니타 중에 가장 부드러워~

블루베리 그라니타

재료

블루베리 180g
생수 50g
설탕 70g
레몬즙 1TS

분량 4인분

난이도 ★

블루베리로 만든 블루베리 그라니타는 맛도, 식감도 유난히 부드러워요. 과일 본연의 맛을 느낄 수 있는 시원하고 부드러운 디저트를 원한다면 블루베리 그라니타를 추천해요!

레몬이 없으면 시판 레몬즙을 사용해도 좋으며, 생략해도 괜찮아요.

1 푸드 프로세서에 블루베리와 생수를 넣고 갈아요. 블루베리는 생과일이나 냉동 과일 둘 다 좋아요.

2 설탕, 레몬즙을 넣어 다시 한 번 돌린 다음, 용기에 담아 2시간에서 3일간 냉장 보관해요.

3 용기에 담아 냉동실에 옮겨 1시간 간격으로 굵은 입자가 생길 때까지 서너 번 포크로 긁어주세요.

coffee granita

마지막 한 모금까지 맛있는

커피 그라니타

 재료
설탕 50g
생수 220g
커피 1과 1/2ts

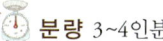 분량 3~4인분
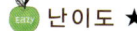 난이도 ★

여름엔 시원한 아이스커피 한잔이 최고죠. 하지만 시간이 지날수록 얼음이 녹아 점점 싱거워지는 게 아쉬웠어요. 마지막 한 모금까지 한결같은 맛을 원한다면 커피 그라니타를 즐겨보세요!

1 먼저 시럽을 만들어요. 냄비에 설탕과 생수 100g을 넣어 녹을 때까지 끓인 다음 체에 한 번 걸러 식혀요.

2 커피, 생수 120g을 섞어 커피물을 만들고 1의 시럽을 부어 잘 섞어요.

3 용기에 담고 1시간 간격으로 굵은 입자가 생길 때까지 포크로 긁어주세요. 서너 번 정도 반복하면 입안에서 사르륵 녹는 식감으로 완성돼요.

persimmon punch granita

홈메이드 퓨전 디저트

수정과 그라니타

전통 음료로도 멋진 그라니타를 만들 수 있어요. 유명 카페 메뉴 부럽지 않은 홈메이드 퓨전 디저트~
오렌지도 함께 넣어 만들면 맛도, 담음새도 근사해서 손님에게 대접하면 늘 칭찬받아요.

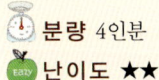

재료

수정과 400g
계핏가루 2g
오렌지 약간

장식용 재료
계핏가루 약간
잣 약간

분량 4인분
난이도 ★★

1 용기에 수정과와 계핏가루를 넣고 잘 섞어요. 집에서 직접 만든 수정과를 사용할 때는 계핏가루를 넣지 않아도 돼요.

2 용기에 담고 냉동실 넣어 1시간 간격으로 굵은 입자가 생길 때까지 포크로 긁으면서 얼려요.

3 수정과 그라니타 위에 장식할 오렌지를 과육만 잘라 준비해요.

4 그릇에 수정과 그라니타를 담아요.

5 오렌지 과육과 잣을 얹으면 완성이에요.

베이퀸의 달콤한 팁!

수정과는 과음 후 숙취해소에 좋은 것은 물론 잣을 얹어 먹으면 반혈에 좋은 철분을 섭취할 수도 있어요. 몸을 따뜻하게 해주어 배탈에 좋은 계피도 함께 섭취할 수 있는 건강음료예요.

watermelon granita

수박의 색다른 변신

수박 그라니타

레몬 제스트, 오렌지 제스트를 함께 넣어 상큼하게 완성한 수박 그라니타.
밍밍한 수박 맛이 아니에요. 먹어보면 정말 시원하고 상큼해서 놀라실걸요!

재료

생수 60g

설탕 55g

오렌지즙 60g

라임즙 30g

레몬 제스트 4g

오렌지 제스트 4g

껍질 벗긴 수박 460g

분량 4~5인분

난이도 ★★

1 냄비에 생수, 설탕, 오렌지즙, 라임즙을 넣고 설탕이 녹을 때까지만 끓여요. 라임이 없다면 시판 라임즙을 사용해도 괜찮아요.

2 레몬 제스트, 오렌지 제스트를 넣고 식혀요.

3 푸드 프로세서에 수박을 넣고 갈다가 2를 넣고 함께 갈아요.

4 용기에 담아 최소 2시간 정도 냉장 보관해요. 냉장 보관한 후 냉동시키면 식감이 더욱 좋아요.

5 냉동실로 옮겨 1시간 간격으로 굵은 입자가 생길 때까지 포크로 긁어주세요. 2~3시간 동안 두세 번 포크로 긁어주면 완성돼요.

베이퀸의 하나 더 레시피!

제스트란?

제스트란 소르베나 그라니타의 맛과 향을 돋우기 위해 사용하는 레몬 또는 오렌지 껍질이에요. 레몬과 오렌지를 굵은 소금으로 문질러 깨끗이 씻은 다음 껍질을 강판에 갈아서 사용하는데 이때 껍질 안쪽의 흰 부분을 갈리지 않게 주의해야 해요. 흰 부분까지 사용하면 씁쓸한 맛이 나거든요.

mulberry rice punch granita

집에서 만들어 먹는 카페 디저트

오디 식혜 그라니타

카페에서 식혜 그라니타를 먹어보고 감탄한 적이 있어요. 당장 집에 와서 만들어 보았죠.
뽕나무 열매인 새콤달콤한 오디로 퓌레를 만들어 식혜 그라니타에 함께 넣었더니
카페에서 먹던 것보다 훨씬 더 맛있었어요!

재료
식혜 400g, 장식용 오디 약간

오디 퓌레
오디 100g, 설탕 10g, 모스카토 와인 300g, 레몬즙 1TS

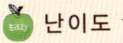
분량 4인분

난이도 ★★

> 깔끔한 맛이 좋으면 식혜 액만 사용하고, 씹히는 맛이 좋으면 밥알까지 넣어요.

1 용기에 식혜를 담고 냉동실에 넣어 1시간 간격으로 굵은 입자가 생길 때까지 포크로 긁으며 얼려요.

2 모스카토와 설탕을 섞은 다음 오디를 넣고 섞어요.

3 2에 레몬즙을 넣어 섞고 냉장 보관해 재워요.

4 그라니타용 그릇에 3을 적당히 담아요.

5 그 위에 1의 식혜 그라니타를 담고 위에 다시 오디를 장식해서 완성해요.

베이퀸의 **달콤한 팁!**

오디와 복분자

오디와 복분자를 헷갈려하는 분들이 많아요. 오디는 뽕나무의 열매이고, 복분자는 나무딸기의 열매랍니다. 복분자로 식혜 그라니타를 만들어 먹어도 새콤 달콤 맛있어요. 오디 퓌레 대신 복분자 퓌레를 넣으면 된답니다. 복분자 퓌레는 복분자 200g을 설탕 50g에 버무린 다음 냄비에 담아 15분 정도 약한 불에서 끓이고, 레몬즙 2ts을 넣어 섞으면 완성!

milk ice flakes

너 츠 캔 디 가 숨 어 있 는

우유 빙수

여름에 먹는 빙수만큼 맛있는 게 또 있을까요? 어느 카페에서 흔히 만날 수 있는 우유 빙수지만 베이퀸표 우유 빙수에는 특별한 점이 있어요! 얼음 사이에 숨어 있는 아삭아삭 고소한 너츠 캔디가 바로 그것!

재료
클래식 바닐라 아이스크림 적당량 (26p.), 너츠 캔디 50g

우유 얼음
우유 400g, 시판 연유 20g(또는 홈메이드 연유 30g)

통단팥
팥 125g, 시럽(물 75g+황설탕 65g), 소금 1/2ts, 물엿(또는 올리고당) 적당량

 분량 2인분
난이도 ★★★★

우유 얼음 만들기

1 용기에 우유와 연유를 담고 거품기로 섞어요.

2 냉동실에 넣어 2시간 간격으로 굵은 입자가 생길 때까지 포크로 두세 번 긁으면서 얼려요.

3 우유 얼음이 너무 단단하게 얼었다면 빙수를 만들 때 푸드 프로세서에 갈아서 사용해요.

통단팥 만들기

끓인 후 물이 자작하게 남도록 물을 보충해가며 끓여요.

4 냄비에 설탕과 물을 넣고 설탕이 녹을 때까지 끓여 시럽을 만들어요.

5 깨끗하게 씻은 팥을 냄비에 담고 물을 넉넉하게 부어 바글바글 끓여요.

6 5가 끓으면 첫 물을 버리고 물 1 l를 부어 중간 불에서 40~50분간 끓여요.

| 너츠 캔디 만들기

7 4의 시럽에 소금을 넣어 간을 맞춘 다음 6에 물엿과 함께 넣어요.

8 약한 불에 올려 걸쭉하게 윤기가 돌 때까지 20~30분간 조려서 식혀요.

9 20p.를 참고해서 너츠 캔디를 만들어요. 너츠 캔디를 잘게 잘라요.

| 빙수 완성하기

10 그릇에 우유 얼음을 약간 깔고 통팥, 너츠 캔디를 얹고 다시 우유 얼음을 소복하게 담아요.

11 맨 위에 클래식 바닐라 아이스크림을 올리면 완성이에요. 좀 더 달콤하게 즐기고 싶으면 연유를 뿌려도 좋아요.

ice green tea flakes

갈증을 한번에 없애주는

녹차 빙수

도쿄에서 먹었던 쌉싸래하고 진한 맛의 녹차 빙수, 그 맛을 아직도 잊지 못해요.
진한 녹차 얼음 위에 달지 않은 통단팥이 듬뿍 얹어져 보기만 해도 먹음직스러웠죠.
더운 여름 갈증을 한번에 해결해준 그 녹차 빙수가 생각나 만들어봤어요.

재료

통단팥 적당량

녹차 얼음 물 1TS, 가루 녹차 15g, 우유 400g, 시판 연유 30g(또는 홈메이드 연유 40g)

인절미 찹쌀가루 100g, 설탕 40g, 소금 2g, 우유(또는 물) 150~200g, 콩가루 적당량

 분량 2인분

 난이도 ★★★★

| 녹차 얼음 만들기

1 물에 가루 녹차를 넣어 거품기로 잘 섞어요.

2 용기에 우유, 1의 녹차, 연유를 담고 거품기로 섞어요.

3 냉동실에 넣고 2시간 간격으로 굵은 입자가 생길 때까지 포크로 두세 번 긁으며 반복해서 얼려요.

| 인절미 만들기

4 전자레인지용 용기에 찹쌀가루, 설탕, 소금, 우유를 담고 섞어요. 이때 반죽이 뚝뚝 떨어지는 정도의 농도로 만드는데 우유 또는 물의 양은 적절히 조절하세요.

4 전자레인지에 넣어 약 2분간 돌린 후 꺼내서 고루 섞어요.

5 다시 전자레인지에 1~2분간 더 돌리고 주걱으로 찰기가 생길 때까지 고루 섞어요. 찰기가 생기지 않으면 전자레인지에 1분 정도 더 돌려서 섞어요.

| 빙수 완성하기

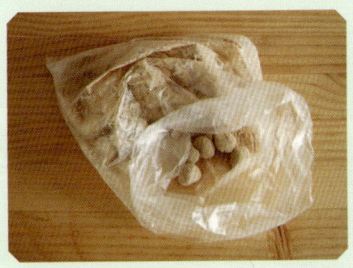  

6 콩가루를 넣은 요리용 비닐팩에 떡을 넣고 콩가루를 묻혀가며 적당한 크기로 동그랗게 빚어요.

7 통단팥을 준비하세요(홈메이드 통단팥 만들기는 109p.를 참고하세요).

8 그릇에 녹차 얼음을 담고 통단팥을 올리고 인절미를 얹으면 완성이에요. 연유나 아이스크림을 얹어 먹어도 좋아요.

베이퀸의 달콤한 팁!

아이스크림에 사용하는 녹차
우리나라에서 판매하는 일반 가루 녹차는 아이스크림을 만들 때나 베이킹할때 사용하면 예쁜 녹색빛이 나지 않아요. 이때 일본 말차가루를 사용하면 향도 좋고 색도 선명하고 예뻐요.

녹차빙수 재료로 녹차라테 만들기
요즘 카페에서 흔히 맛볼 수 있는 녹차 라테. 더운 여름 차가운 녹차빙수도 좋지만 가끔은 따뜻한 녹차 라테 한잔에 마음이 편안해져요.
녹차 라테 두 잔을 만들기 위해 우유 400ml, 녹차 2TS, 홈메이드 연유 2TS을 준비해요. 우유는 살짝 끓인 다음 우유 절반 정도와 녹차, 연유를 섞어요. 남은 절반의 우유는 스팀기나 핸드 블렌더에 내려 거품을 낸 후 라테에 올려 완성해요.

ice water melon flakes
여름 더위 물렀거라

수박 빙수

수박은 더운 여름 더위를 식혀주는 일등 공신 과일이죠. 그냥 먹어도 맛있지만 빙수로 만들면
좀 더 특별하게 즐길 수 있어요. 설탕이나 연유 대신 아가베시럽으로 단맛을 내면 건강에도 좋아요.

재료
껍질 벗긴 수박 450g, 아가베시럽 10g, 레몬즙 1TS, 연유 약간, 장식용 수박 과육 약간, 민트 잎 약간

 분량 2인분
난이도 ★

1 수박은 껍질을 벗기고 씨를 제거하고 과육만 잘라 푸드 프로세서에 넣어 갈아요.

2 아가베시럽과 레몬즙을 넣고 가볍게 돌려요. 아가베시럽이 없으면 시럽 1.5~2배의 설탕이나 꿀 15~20g으로 대체해도 좋아요.

3 체에 걸러 고운 즙만 받아요.

> 얼음이 너무 단단하게 얼었다면 푸드 프로세서에 갈아서 사용해요.

4 용기에 담아 냉동실에 넣고 2시간 간격으로 굵은 입자가 생길 때까지 두세 번 포크로 긁으면서 얼려요.

5 그릇에 수박 얼음을 담고 연유, 자른 수박 과육, 민트 잎을 올려요.

PART 4

몸에 좋은 재료로 만든
건강 아이스크림

검은깨, 팥, 오미자, 쌀, 두유, 유자 등
몸에 좋은 재료를 엄선하여 만든 건강 아이스크림이에요.
달걀이나 우유를 넣지 않은 채식 아이스크림과
유명 아이스크림 전문점의 메뉴를
건강하게 재현한 아이스크림도 함께 소개해요.

red bean iceblock

집에서 만들어 담백하고 달지 않은
아즈키 아이스바

아즈키는 일본어로 팥을 뜻해요. 일본 디저트에는 팥을 이용한 메뉴가 많은데 그중 팥으로 만든
달지 않은 아이스크림을 먹어보고 직접 만들었어요. 팥은 체내의 불필요한 수분을 배출하며
섬유질과 사포닌이 들어 있어 장 기능을 원활하게 하는 등 건강에도 참 좋아요.

재료

우유 110g
생크림 85g
설탕 10g
팥앙금 90g
계핏가루 1/4ts
통단팥 30g

 분량 아이스바 4개
 난이도 ★

> **베이퀸의 달콤한 팁!**
>
> **요모조모 쓰이는 홈메이드 통단팥**
> 통단팥을 넉넉히 만들어 놓으면 유용하게 사용할 수 있어요. 아즈키 아이스바에는 물론 빙수와 아이스크림 토핑, 베이킹 재료로 두루 사용할 수 있지요. 남은 통단팥은 밀폐용기에 담아 냉장 또는 냉동 보관하세요.

1 볼에 팥앙금과 계핏가루를 넣고 부드럽게 주걱으로 풀어요.

> 계핏가루가 없다면 생략해도 괜찮아요.

2 볼에 우유, 생크림, 설탕을 담아 섞는데 설탕이 녹을 정도로 가볍게 끓여도 좋아요.

3 1에 2를 조금씩 부어가며 주걱으로 잘 섞어요.

4 아이스바 용기에 70% 정도 부어 냉동실에서 1시간 정도 얼려요. 통단팥을 넣기 위해 용기에 여유를 남겨요.

5 통단팥을 준비하세요. 홈메이드 통단팥 만들기는 109p.를 참고 하세요.

6 4가 어느 정도 단단해지면 통단팥을 넣어 섞어요. 통단팥이 모두 아래로 가라앉는 걸 방지하기 위해 어느 정도 얼린 후 통단팥을 넣는 거예요.

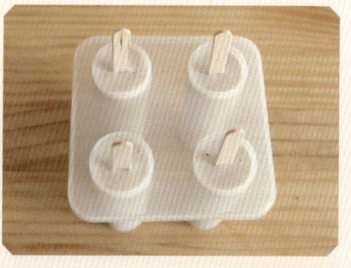

7 막대기를 꽂아 완전히 단단해질 때까지 냉동실에서 얼리면 완성이에요.

sweet potato & soymilk icecream

피부미용에 좋아요!

고구마 두유 아이스크림

🥄 **재료**

검은콩 두유 (또는 일반 두유) 400g
꿀 50g
물엿 20g
설탕 5g
포도씨유 1ts(12g)
익힌 고구마 100g

⚖️ **분량** 4인분

 난이도 ★★

고구마는 소화도 잘되고 피부 미용에도 좋다고 해요. 채식하는 분들도 즐길 수 있도록 우유와 달걀을 넣지 않고 두유로만 만든 아이스크림이에요.

> 좀 더 부드럽게 즐기고 싶다면 으깬 다음 포도씨유 1ts 정도를 넣어 함께 섞으면 좋아요.

1 검은콩 두유, 꿀, 물엿, 설탕, 포도씨유를 섞어 최소 3시간에서 최대 3일 정도 냉장 보관해요.

2 고구마는 찌거나, 구워서 잘게 잘라요.

3 1을 2시간 정도 냉동실에 넣어 굳혀요.

4 냉동실에서 꺼내 2의 고구마를 섞고 다시 냉동실에 넣어 1시간 간격으로 두세 번 포크로 긁어주세요.

black sesame icecream

블랙 푸드 검은깨로 만들어 고소한

검은깨 아이스크림

재료

검은깨 40g
우유 250g
생크림 150g
설탕 50g
럼 2ts(생략 가능)

분량 4인분

난이도 ★

건강에 좋다고 소문난 블랙 푸드 검은깨는 피부와 모발 건강, 근육과 뼈 강화 등에 좋다고 해요. 특히 깨는 갈아 먹으면 체내 흡수율이 높아지는데 아이스크림을 만들 때도 곱게 간 깨를 사용한답니다.

1 믹서 등을 이용해 검은깨를 곱게 갈아요.

2 우유와 생크림, 설탕, 럼, 1을 함께 섞어요. 최소 3시간에서 최대 3일 간 냉장 보관하여 숙성시켜요.

3 냉동실에 넣어 아이스크림이 단단해 질 때까지 1시간 간격으로 꺼내 서너 번 긁어주면 완성이에요.

roast sweet potato icecream

여름에 즐기는 군고구마

군고구마 아이스크림

겨울에 주로 먹는 군고구마를 여름에 먹는 방법은? 바로 차가운 군고구마 아이스크림으로 만들기!
몸에 좋은 고구마를 듬뿍 넣은 고소한 군고구마 아이스크림은 여름에 먹으면 별미랍니다.

재료

우유 220g
생크림 180g
설탕 70g
바닐라 빈 1/3개
고구마 퓌레 200g
럼 2ts

분량 4인분

난이도 ★★

1 냄비에 우유, 생크림, 설탕, 바닐라 빈을 담아 잘 섞는데 설탕이 녹을 정도로 가볍게 끓여도 좋아요.

2 최소 3시간에서 최대 3일 정도 냉장 보관하여 숙성시켜요.

3 고구마는 오븐이나 전용 냄비를 이용해 구워요. 찐 고구마보다 구운 고구마를 이용해야 향이 더 구수해요.

고구마는 얼리면 단단해지므로 으깬 다음 포도씨유 1ts 정도를 넣어 함께 섞으면 좋아요.

4 고구마가 뜨거울 때 으깨서 럼을 섞은 후 식혀요. 식감을 즐기기 위해서 너무 곱게 으깨지 않는 게 좋아요.

5 2를 1시간 정도 냉동실에서 굳힌 다음 4의 고구마 퓌레를 섞어요.

6 다시 냉동실에 넣고 1시간 간격으로 두세 번 포크로 긁어주면 완성이에요.

soymilk icecream

두유와 미숫가루의 구수한 만남

두유 아이스크림

재료

검은콩 두유 (또는 일반 두유) 400g
미숫가루 30g
꿀 50g
물엿 20g
포도씨유 1TS(12g)

분량 4인분
난이도 ★

두유에는 유당 성분이 없어서 우유를 못 먹는 분들이 먹으면 좋은데 뼈, 피부, 장 건강에 좋답니다. 채식하는 분들도 먹을 수 있는 베이퀸표 두유 아이스크림은 두유와 미숫가루가 만나 어렷을 적 추억을 떠올리게 해요.

1 볼에 미숫가루를 담고 두유를 부어가며 잘 개어요.

2 꿀, 물엿, 포도씨유를 넣어 잘 섞고 최소 3시간에서 최대 3일까지 냉장 보관해요.

3 냉동실에 넣고 아이스크림이 단단해질 때까지 1시간 간격으로 서너 번 포크로 긁어주면 완성이에요.

coconut & black sesame icecream

고소한 향에 기분이 좋아지는
코코넛 검은깨 아이스크림

재료

검은깨 40g
두유 400g
설탕 40g
코코넛 파우더 20g
럼 1ts(생략 가능)

분량 4인분

난이도 ★

곱게 갈아 넣어 고소한 향이 느껴지는 검은깨와 특유의 향과 씹히는 식감이 매력 있는 코코넛이 어우러져 특별한 아이스크림이 탄생했어요. 아이스크림을 만드는 내내 고소한 향으로 기분이 좋아지는 건 보너스랍니다.

1 믹서 등을 이용해 검은깨를 곱게 갈아요.

2 두유에 갈아놓은 깨와 코코넛 파우더, 럼을 섞어 최소 3시간에서 최대 3일까지 냉장 보관하여 숙성시켜요.

3 냉동실에 넣어 아이스크림이 단단해질 때까지 1시간 간격으로 서너 번 포크로 긁어주면 완성이에요.

mixed grains icecream

각종 곡물의 영양을 그대로 ~

미숫가루 아이스크림

 재료

생수 70g
미숫가루 75g
우유 280g
생크림 80g
설탕 35g
물엿 10g

분량 4~5인분
난이도 ★

바쁜 현대인들에게 여러 가지 곡물을
한 번에 간편하게 먹을 수 있는 미숫가루는
참 기특한 식품이에요. 미숫가루를
이용한 영양 아이스크림을 만나보세요!

1 볼에 미숫가루를 담고 생수를 부어가며 잘 개어요.

2 우유, 생크림, 설탕, 물엿을 넣어 잘 섞어요.

3 최소 3시간에서 최대 3일까지 냉장 보관하여 숙성시켜요.

4 냉동실에 넣어 아이스크림이 단단해질 때까지 1시간 간격으로 서너 번 포크로 긁어주면 완성이에요.

soft persimmon yogurt

냉 동 홍 시 로 사 계 절 내 내 즐 기 는

소프트 홍시 요거트

재료

홍시 280g(4개 정도)
꿀 20g
레몬즙 2ts
그랑 마르니에 1ts(생략 가능)
플레인 요거트 270g

분량 2인분
난이도 ★

숙취를 풀어주고, 심장과 폐를 튼튼하게 만들어주는 홍시. 싱싱한 제철 홍시를 냉동해두면 사계절 내내 맛있게 즐길 수 있답니다.
냉동 홍시로 만든 소프트 홍시 요거트는 너무 단단하게 얼리기보다 부드러운 상태에서 먹어야 더 맛있어요!

1 볼에 플레인 요거트, 꿀, 레몬즙, 그랑 마르니에를 담아 거품기로 잘 섞어요.

2 푸드 프로세서에 껍질 벗긴 홍시를 넣고 부드럽게 갈아요. 냉동 홍시를 사용해도 좋아요.

3 1에 2를 부어 잘 섞어요.

4 용기에 담아 냉동실에 넣어 1시간 간격으로 한두 번 포크로 긁어주면 완성이에요.

rice icecream

쌀로 만든 참 건강한 아이스크림

쌀 아이스크림

'리조 아이스크림'이라 불리는 쌀 아이스크림은 로마에서 처음 먹어봤어요. 부드러운 아이스크림 안에 쫄깃한 쌀의 조합은 상상도 못한 놀라운 맛이었죠. 쌀을 사용한 아이스크림이라 콜레스테롤 함유량이 낮으며 쌀 고유의 단맛으로 설탕 사용량 또한 줄어 무척 건강해요.

재료

우유 300g
생크림 100g
설탕 30g
현미 75g
백미 25g
물 300g

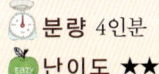
분량 4인분
난이도 ★★★

> 쌀을 충분히 불려 밥을 지어야 아이스크림이 부드러워요.

1 현미와 백미를 깨끗하게 씻어 불린 후 물을 부어 밥을 짓고 식혀요.

2 볼에 우유, 생크림, 설탕을 담아 잘 섞어요.

3 1과 2를 푸드 프로세서에 모두 넣고 갈아요. 씹히는 식감을 위해 너무 곱게 갈지 않아도 돼요.

4 용기에 담아 1~2시간 정도 냉장 보관하여 숙성시켜요.

5 다시 냉동실에 넣어 1시간 간격으로 두세 번 포크로 긁어주면 완성이에요.

citron icecream

설탕 대신 유자청으로 맛을 낸
유자 아이스크림

유자에는 비타민 C가 레몬보다 3배나 많이 들어 있어 감기와 피부 미용에는 물론 노화와 피로 방지에 좋아요. 유자가 한창일 때 설탕과 유자를 1:1 비율로 섞어 유자청을 만들어 두면 일 년 내내 유자차는 물론 유자 아이스크림을 즐길 수 있어요.

재료

우유 250g
생크림 150g
유자청 시럽 120g
유자청 건더기 30g
레몬즙 2TS

분량 4인분

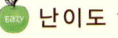
난이도 ★

1 용기에 우유와 생크림, 유자청에서 건더기를 건져낸 유자청 시럽을 용기에 담아 잘 섞어요.

> 씹히는 식감이 싫다면 유자청 건더기를 넣지 않아도 괜찮아요

2 잘게 다진 유자청 건더기를 넣어 섞어요.

3 레몬즙을 넣어 섞어요.

4 최소 3시간에서 최대 3일까지 냉장 보관하여 숙성시켜요.

5 냉동실에 넣어 아이스크림이 단단해질 때까지 1시간 간격으로 서너 번 포크로 긁어주면 완성이에요.

schizandra icecream

입안이 개운해지는 깔끔한 맛!

오미자 아이스크림

 재료

우유 250g
생크림 150g
오미자청 180g
레몬즙 1TS
아가베시럽 40g

 분량 4~5인분

난이도 ★

오미자는 심장과 폐의 기능을 강화하고 면역력을 높이는 데 효과적이에요. 또한 기침이나 갈증을 해소하는 데도 도움이 되므로 음료, 술, 음식에도 많이 이용되지요. 오미자를 이용해 아이스크림을 만들면 건강에도 좋지만 특유의 다섯 가지 맛이 어우러져 다른 아이스크림보다 깔끔하면서 새콤해요.

1 용기에 우유, 생크림, 오미자청, 레몬즙을 담아 잘 섞어요. 오미자청은 원하는 당도로 맛을 조절하세요.

2 아가베시럽을 섞고 최소 3시간에서 최대 3일까지 냉장 보관하여 숙성시켜요. 아가베시럽이 없으면 설탕과 꿀을 60~80g으로 대체하면 돼요.

3 냉동실에 넣어 아이스크림이 단단해질 때까지 1시간 간격으로 서너 번 포크로 긁어주면 완성이에요.

베이퀸의 달콤한 팁!

아가베시럽이란?

아가베시럽은 아가베 선인장을 농축해 만든 천연 유기농 감미료로 당도는 설탕보다 1.3배 높지만 칼로리는 1/2밖에 되지 않고, GI지수(혈당상승지수)가 설탕보다 낮은 건강한 재료예요. 메이플시럽이나 꿀처럼 독특한 향이나 맛이 나지 않으므로 여러 가지 요리에 두루 사용할 수 있어요. 설탕 대신 아가베시럽을 사용할 때는 설탕의 50~60% 분량만 사용하면 돼요.

보너스
메뉴

집에서 건강하게 만드는
전문점 아이스크림

아이스크림 전문점과 디저트 카페에서 인기 많은 메뉴 다섯 가지를 골랐어요.
집에서도 전문점 아이스크림만큼 맛있는 아이스크림을 만들 수 있답니다.
유화제나 방부제 등을 넣지 않고 건강한 재료로만 만드니 안심하고 즐길 수 있어요.

mint chocochip icecream

집에서 만들어도 이렇게 맛있어!

민트 초코칩 아이스크림

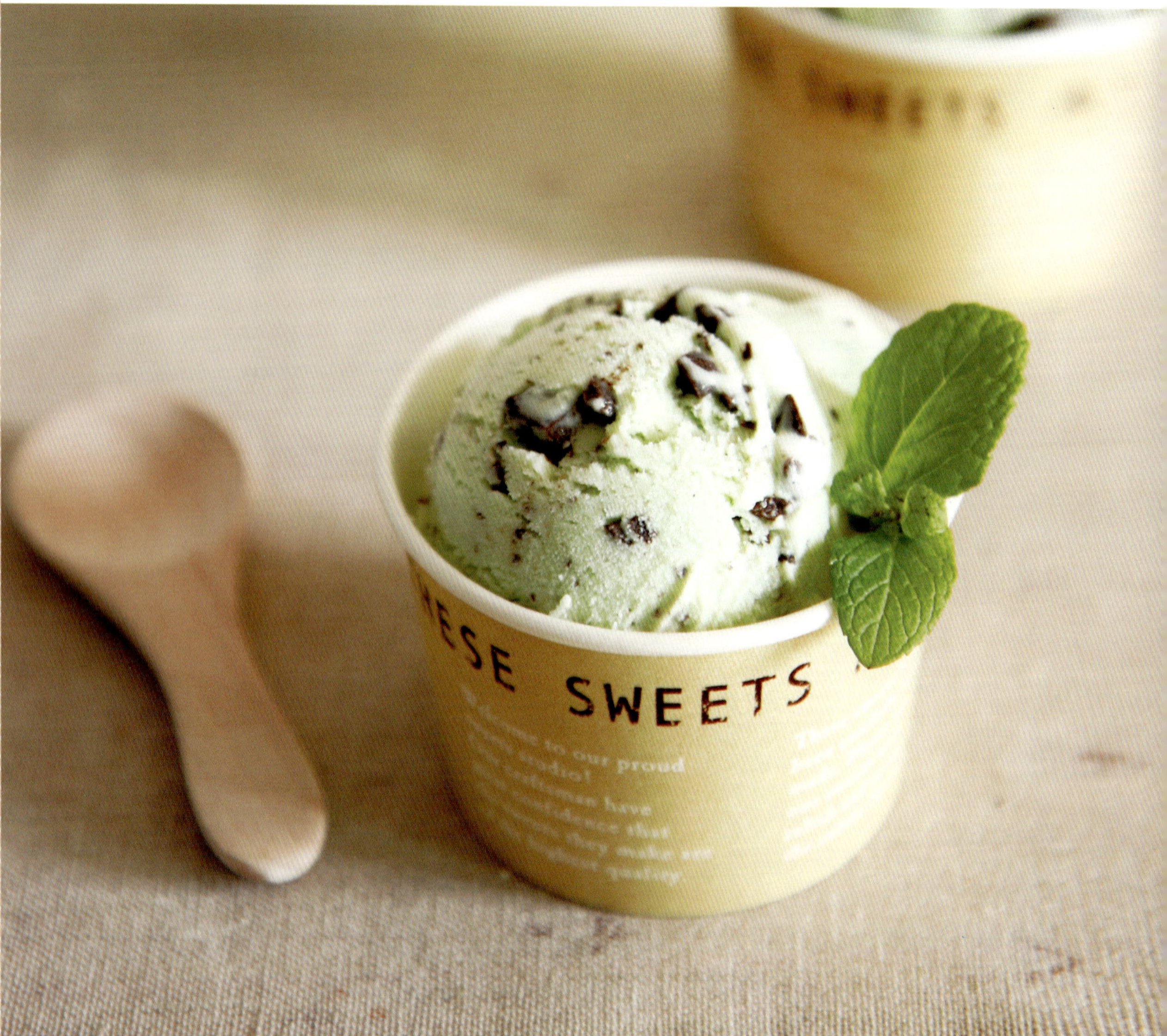

아이스크림 가게에 가면 꼭 눈과 손이 가는 산뜻한 맛의 민트 초코칩 아이스크림! 싱그러운 녹색에 시원한 민트 향 그리고 콕콕 씹히는 초코칩까지! 이젠 집에서도 더 맛있게 만들 수 있다고요~

재료

우유 170g
생크림 150g
설탕 50g
달걀노른자 2개
민트 익스트랙트 1ts
초코칩 40g
식용색소(녹색) 약간

분량 4인분

난이도 ★★

1 냄비에 우유와 생크림을 넣어 가장자리에 바글바글 거품이 생길 때까지만 끓이세요.

2 1을 끓이는 동안 볼에 달걀노른자와 설탕을 넣어 거품기로 잘 섞어요.

3 2에 1을 붓고 다시 불에 올려 85℃가 될 때까지 거품기로 저어가며 끓여요.

식용색소는 녹색 월튼색소를 사용했어요

4 체에 걸러 볼에 담고 얼음물이 담긴 커다란 볼에 담가 재빨리 식혀요. 식용색소와 민트 익스트랙트를 넣어 섞어요.

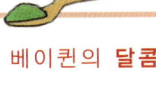

베이퀸의 달콤한 팁!

민트 익스트랙트가 없을 때 민트 티로 민트 우유 만들기!

민트 익스트랙트는 흔한 식재료가 아니에요. 간혹 베이킹 재료상에서 페퍼민트 오일을 판매하기는 하는데 준비하기 어렵다면 민트 티를 이용해 아이스크림을 만들 수도 있어요. 우유(170g)를 데운 후 민트 티백 2개를 넣고 5분 이상 우려 민트 우유를 만들어요. 민트 우유를 이용해 과정 1부터 순서대로 만들면 부드럽고 은은한 향의 아이스크림을 완성할 수 있어요.

5 용기에 담아 냉동실에 넣어 2시간 정도 굳혀요.

초코칩 대신 다크커버처 초콜릿을 잘게 잘라 사용해도 돼요.

6 초코칩을 넣어 섞어요. 다시 냉동실에 넣고 1시간 간격으로 두세 번 포크로 긁어주면 완성이에요.

보너스 메뉴 둘!

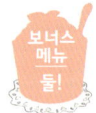

cherry icecream

체리를 듬뿍 넣어 만든

체리 아이스크림

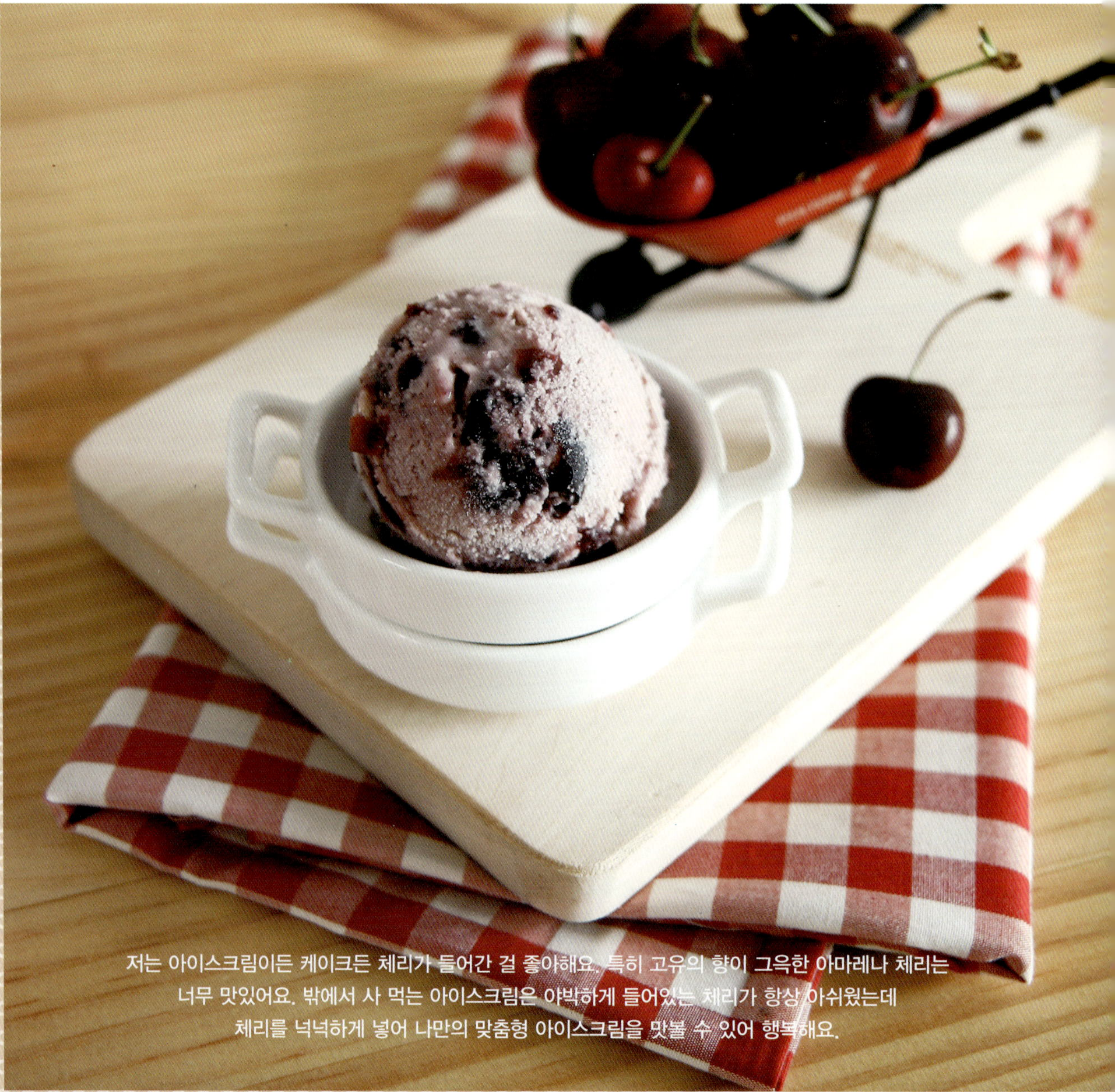

저는 아이스크림이든 케이크든 체리가 들어간 걸 좋아해요. 특히 고유의 향이 그윽한 아마레나 체리는 너무 맛있어요. 밖에서 사 먹는 아이스크림은 야박하게 들어있는 체리가 항상 아쉬웠는데 체리를 넉넉하게 넣어 나만의 맞춤형 아이스크림을 맛볼 수 있어 행복해요.

재료

우유 180g
생크림 140g
설탕 40g
달걀노른자 2개
아마레나 체리 90g
레몬즙 1TS

 분량 4인분
 난이도 ★★

1 냄비에 우유와 생크림을 넣어 가장자리에 바글바글 거품이 생길 때까지만 끓이세요.

2 1을 끓이는 동안 볼에 달걀노른자와 설탕을 담아 거품기로 잘 섞어요.

3 2에 1을 붓고 다시 불에 올려 85℃가 될 때까지 거품기로 저어가며 끓여요.

4 체에 걸러 볼에 담고 얼음물을 담은 커다란 볼에 담가 재빨리 식혀요.

5 용기에 담고 1시간 정도 냉동실에서 굳혀요.

6 믹서에 체리 30g, 레몬즙을 넣어 곱게 갈아요.

7 5에 6을 넣어 섞고 다시 냉동실에 넣어 1시간 정도 굳혀요.

8 남은 체리 60g을 넣어 섞고 다시 냉동실에서 1시간 간격으로 두 번 정도 포크로 긁어주면 완성이에요.

green tea icecream

자연의 맛이 느껴지는

그린티 아이스크림

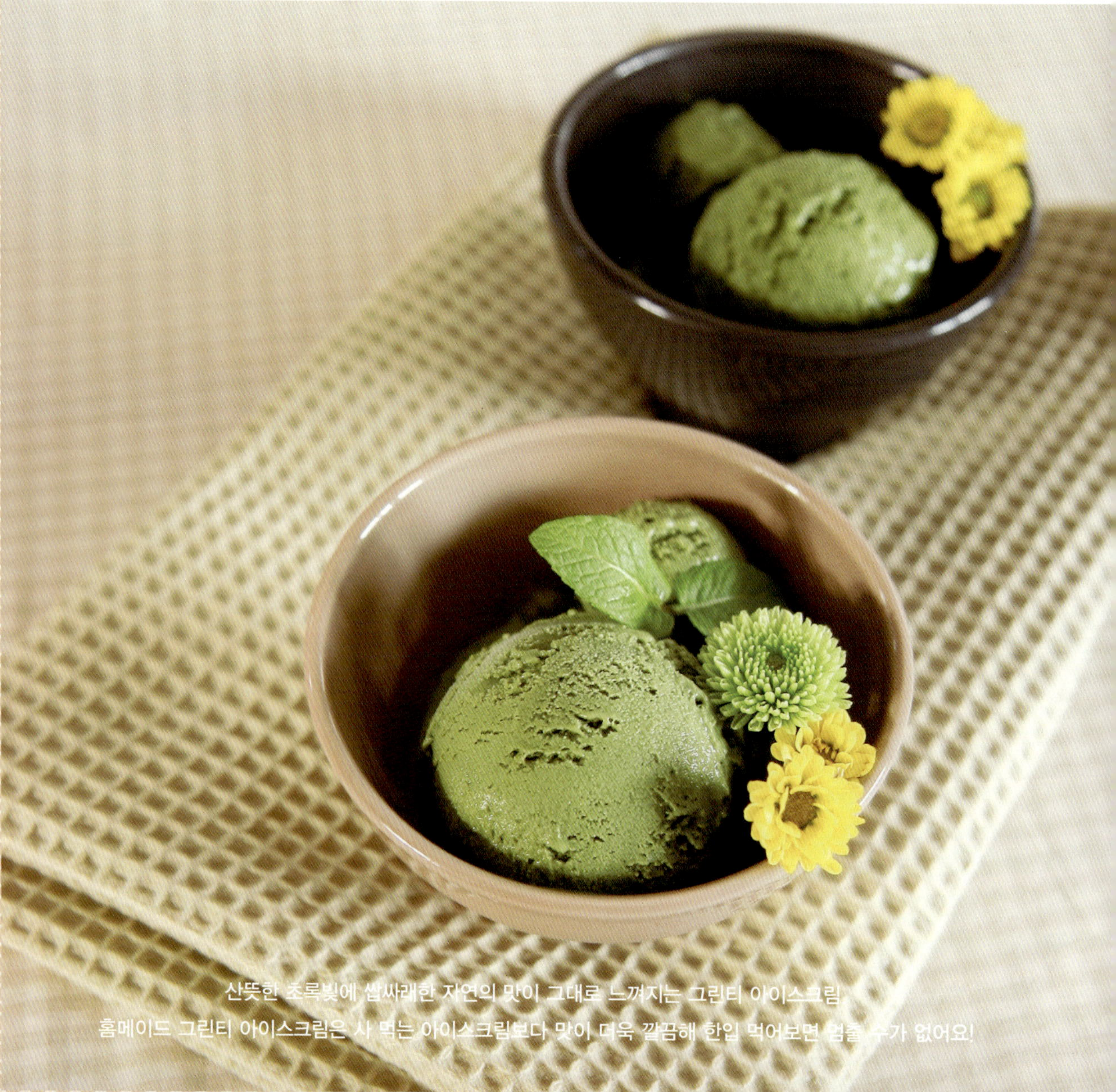

산뜻한 초록빛에 쌉싸래한 자연의 맛이 그대로 느껴지는 그린티 아이스크림.
홈메이드 그린티 아이스크림은 사 먹는 아이스크림보다 맛이 더욱 깔끔해 한입 먹어보면 멈출 수가 없어요!

재료

우유 200g
생크림 120g
설탕 60g
달걀노른자 2개
가루 녹차 15g

 분량 4인분
 난이도 ★★

베이퀸의 달콤한 팁!

초콜릿 코팅한 그린티 아이스바

그린티 아이스크림은 과정 5까지 만들어서 아이스바 틀에 부어 냉동실에서 얼린 후 녹인 코팅용 초콜릿으로 코팅해보세요. 인기많은 초콜릿 그린티 아이스바를 집에서도 만들 수 있어요.

1 냄비에 우유와 생크림을 넣고 가장자리에 바글바글 거품이 생길 때까지만 끓이세요.

2 1을 끓이는 동안 볼에 달걀노른자, 설탕을 넣어 거품기로 충분히 섞어요.

3 2에 1을 붓고 다시 불에 올려 85℃가 될 때까지 거품기로 저어가며 끓여요.

4 체에 걸러 볼에 담고 얼음물을 담은 커다란 볼에서 재빨리 식혀요.

5 가루 녹차를 넣어 섞는데 질 좋은 가루 녹차를 사용해야 맛도 색깔도 좋아요.

6 용기에 담고 냉동실에 넣어 아이스크림이 단단해질 때까지 1시간 간격으로 서너 번 포크로 긁어주면 완성이에요.

icecream waffle

우리 집이 카페가 된다!

아이스크림 와플

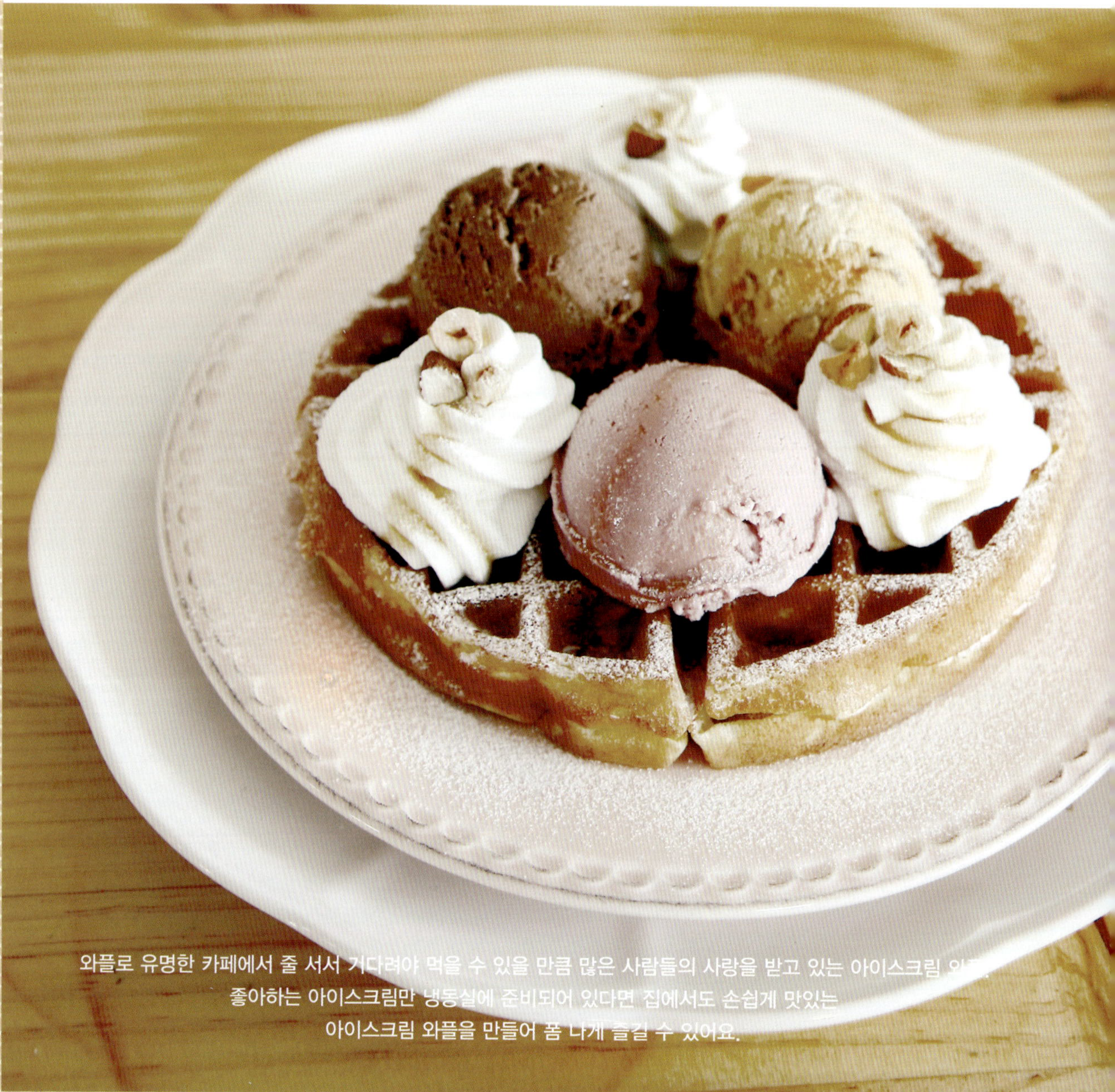

와플로 유명한 카페에서 줄 서서 기다려야 먹을 수 있을 만큼 많은 사람들의 사랑을 받고 있는 아이스크림 와플. 좋아하는 아이스크림만 냉동실에 준비되어 있다면 집에서도 손쉽게 맛있는 아이스크림 와플을 만들어 폼 나게 즐길 수 있어요.

재료

밀가루 중력분 90g
소금 2g
설탕 20g
베이킹파우더 6g
달걀흰자 2개 분량
달걀노른자 2개
우유 150g
녹인 버터 45g

 분량 3~4인분

난이도 ★★

1 볼에 밀가루, 소금, 설탕, 베이킹파우더를 섞어 체에 쳐요.

2 볼에 달걀노른자, 우유, 녹인 버터를 넣어 잘 섞어요.

3 1에 2를 부어가며 거품기로 잘 섞어요.

4 달걀흰자는 살짝 들었을 때 새부리 모양이 될 때까지 거품을 내요.

5 4의 달걀흰자 절반 분량을 3에 넣어 섞어요.

6 달걀흰자 나머지 분량을 마저 넣어 다시 잘 섞어요.

7 예열한 와플 팬에 반죽을 부어 구워요.

8 완성된 와플 위에 원하는 아이스크림을 얹으면 완성이에요. 휘핑크림, 과일을 올려 먹어도 좋아요.

fruit yogurt icecream

내가 좋아하는 과일을 듬뿍 넣은

과일 요거트 아이스크림

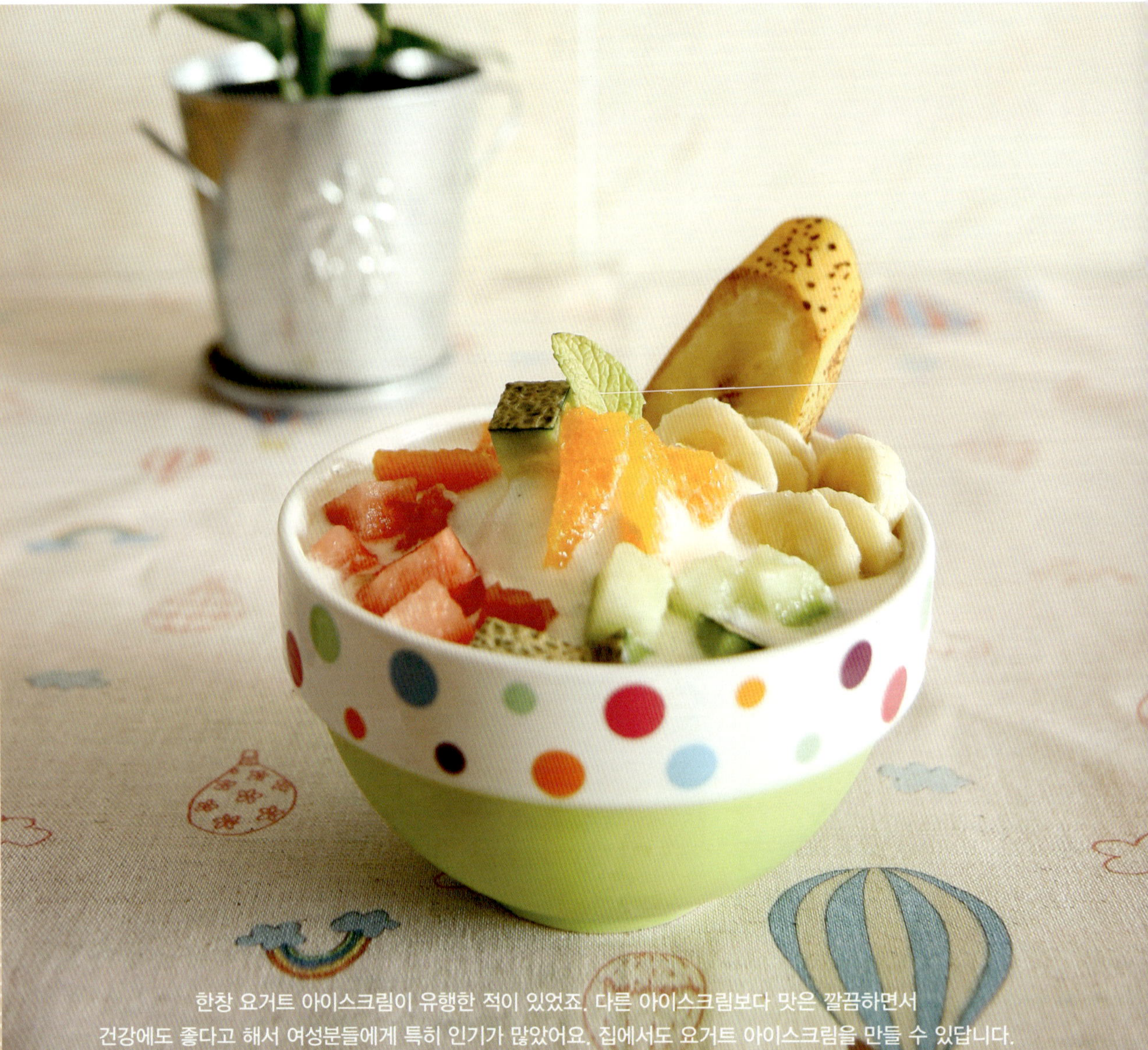

한창 요거트 아이스크림이 유행한 적이 있었죠. 다른 아이스크림보다 맛은 깔끔하면서
건강에도 좋다고 해서 여성분들에게 특히 인기가 많았어요. 집에서도 요거트 아이스크림을 만들 수 있답니다.
내가 좋아하는 과일을 듬뿍 넣은 건강 과일 요거트 아이스크림 말이에요!

재료
생크림 50g, 우유 50g, 슈거 파우더 25g, 플레인 요거트 75g, 물 20g, 바닐라 빈 1/3개, 각종 과일 적당량

 분량 2~3인분
 난이도 ★

1 볼에 생크림, 슈거 파우더를 담아 휘핑해요.

2 1에 우유, 플레인 요거트, 물, 바닐라 빈을 넣어 잘 섞어요.

3 용기에 담고 2시간 정도 냉동실에서 얼려요. 너무 오래 얼리지 않아도 좋은 메뉴예요.

4 각종 과일을 적당한 크기로 잘라 준비해요.

5 그릇에 3의 요거트 아이스크림을 담고 과일을 얹으면 완성이에요.

PART 5

아이스크림으로 만든
스페셜 디저트

직접 만든 홈메이드 아이스크림,
아이스크림으로만 즐기기엔 아쉽다고요?
그럼 아이스크림을 활용하여
다양한 디저트와 음료를 만들어 볼까요?
케이크, 샌드위치, 슬러시, 셰이크 등
색다른 디저트와 음료의 세계로 여러분을 초대합니다.

쿠키 안에 아이스크림이 듬뿍
쿠키 & 아이스크림 샌드위치

촉촉한 초코칩 쿠키 안에 내가 좋아하는 아이스크림을 샌드해서 먹는 아이스크림 샌드위치!
그냥 먹어도 너무 맛있는 쿠키와 아이스크림, 두 가지 맛을 동시에 즐기세요.

재료

민트 초코칩 아이스크림(134p.)

퍼지 초코칩 쿠키
밀가루 박력분 75g
코코아 파우더 10g
베이킹파우더 1/4ts
버터 55g
흑설탕 15g
황설탕 20g
달걀물 1/2개 분량
잘게 자른 다크커버처 초콜릿 50g

장식용 재료
초코칩 10g, 견과류 10g

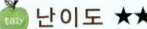 **분량** 샌드위치 4~5개
난이도 ★★

1 볼에 버터, 황설탕, 흑설탕을 담아 거품기로 섞어요. 그런 다음 달걀을 두 번에 나눠 넣고 잘 섞어요.

2 밀가루, 코코아 파우더, 베이킹파우더를 섞어 체 쳐서 넣고 주걱으로 자르듯 섞어요.

3 잘게 자른 다크커버처 초콜릿을 넣어 잘 섞어요.

4 수저를 이용해 팬 위에 반죽을 떠 놓고 180℃ 오븐에서 8분 정도 구워요.

5 4를 오븐에서 꺼내 장식용 초코칩과 견과류를 올리고 다시 오븐에서 2분 정도 더 구워요.

6 쿠키를 식혀 반을 자르고 민트 초코칩 아이스크림을 샌드하면 완성이에요.

> 아이스크림은 취향에 따라 여러 종류로 준비해도 좋아요.

tuile sandwich
바삭바삭 달콤한
튀일 샌드위치

기와장이라는 의미의 튀일 쿠키에 상큼한 아이스크림을 샌드해서 먹으면 고급스러운
아이스크림 샌드위치를 즐길 수 있어요. 제과점에서도 고급 과자로 만날 수 있는 튀일은
바삭바삭 달콤해서 차와 함께 즐겨도 맛있어요.

재료

패션프루트 스월 아이스크림(38p.)

초코 튀일(지름 8cm 15~16개)
달걀흰자 50g
설탕 45g
코코아 파우더 5g
잘게 자른 피스타치오 15g
잘게 자른 아몬드 40g
그뤼에 드 카카오 15g
녹인 버터 10g

장식용 재료
잘게 자른 견과류

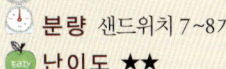
분량 샌드위치 7~8개
난이도 ★★

1 볼에 달걀흰자와 설탕을 담고 거품기로 잘 섞어요. 체 친 코코아 파우더를 넣어 거품기로 섞어요.

2 견과류의 2/3 분량과 그뤼에 드 카카오를 섞어요. 여러 가지 견과류를 준비하지 못했다면 준비한 견과류를 70g으로 맞춰 사용하세요.

3 녹인 버터를 넣어 거품기로 잘 섞어요. 랩을 씌워 30분 정도 냉장실에 넣고 휴지시켜요.

4 팬 위에 반죽을 떠 놓은 다음 수저나 포크로 최대한 얇게 펴고 180℃ 오븐에서 10~12분간 구워요.

5 튀일이 식으면 아이스크림을 샌드해요.

6 아이스크림 옆면에 남은 견과류를 붙이면 완성이에요.

coffee meringue sandwich

홍차와 함께 먹어요~

커피 머랭 샌드위치

달팽이 모양처럼 돌돌 짜서 말리듯 굽는 커피 맛 머랭 쿠키에 아이스크림을 샌드해서 완성하는 커피 머랭 샌드위치. 단맛이 강하고 바삭한 커피 머랭 샌드위치에는 아메리카노 커피나 홍차처럼 달지 않은 차를 곁들이면 더욱 맛있어요.

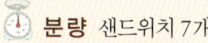

재료

카푸치노 아이스크림(78p.)

커피 머랭 쿠키(지름 5cm 14개)
달걀흰자 1개 분량
설탕 35g
인스턴트커피 2g
슈거 파우더 35g

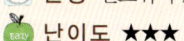

분량 샌드위치 7개
난이도 ★★★

달걀흰자는 실온에 두었다가 사용해야 머랭이 잘 만들어져요.

1 볼에 달걀흰자를 담고 거품기로 거품을 만들다가 설탕 1/2분량을 넣고 머랭(거품)을 만들어요.

거품을 살짝 들어올렸을 때 뾰족한 새부리 모양이 나올 정도로 단단한 거품을 만들어요.

2 풍성한 거품이 올라오면 나머지 분량의 설탕을 마저 넣고 거품을 만들어요.

3 인스턴트커피, 슈거 파우더를 섞어 체 쳐 넣고 주걱으로 섞어요. 너무 오래 섞으면 거품이 꺼질 수 있으니 재빨리 섞어요.

4 반죽을 원형 깍지를 끼운 짤주머니에 담아 지름 5cm의 달팽이 모양으로 짜주세요.

5 슈거 파우더를 뿌리고 100℃ 오븐에서 60분 정도 구워요.

6 잘 구워진 커피 머랭 쿠키를 식혀 쿠키 사이에 카푸치노 아이스크림을 샌드하면 완성이에요.

angel icecream cake

집에서 만드는 아이스크림 케이크

엔젤 아이스크림 케이크

달걀흰자로 만들어 뽀얀 케이크 속살이 마치 천사같다고 해서 붙여진 예쁜 이름, 엔젤 케이크.
쫄깃하고 깔끔한 맛의 엔젤 케이크에 좋아하는 아이스크림을 곁들여 멋진 아이스크림 케이크를 만들어보세요.

재료

딸기 소르베 (91p.)

엔젤 케이크(시폰 2호틀)
달걀흰자 165g (약 4와 1/2개)
설탕 45g
바닐라 오일 1/2ts
밀가루 박력분 60g
슈거 파우더 30g

장식용 재료
생크림 200g
설탕 15g
딸기 적당량

분량 원형 2호틀 1개
난이도 ★★★

| 엔젤 케이크 만들기

> 볼과 거품기가 모두 깨끗해야 거품이 잘 만들어져요.

1 볼에 달걀흰자를 담고 거품기로 거품을 만들다가 설탕 1/2분량을 넣고 거품을 만들어요.

2 풍성한 거품이 올라오면 바닐라 오일, 나머지 설탕을 모두 넣고 계속 거품을 만들어요.

3 거품을 살짝 들어올렸을 때 뾰족한 새부리 모양이 나올 정도로 단단하게 만들어요.

4 밀가루와 슈거 파우더를 섞어 체쳐서 넣고 재빨리 주걱으로 섞어요.

5 시폰틀에 스프레이를 이용해 물을 뿌린 다음 반죽을 부어요.

6 꼬치로 반죽을 한두 번 저어 기포를 없애면서 균일하게 정리해요.

| 엔젤 케이크 완성하기

7 180℃ 오븐에서 20~25분간 굽고, 뒤집어서 식히세요. 케이크를 식힐 땐 뒤집어서 식혀야 모양이 주저앉지 않아요.

8 볼에 생크림과 설탕을 담고 거품기로 거품을 만들어요.

휘핑크림과 딸기 소르베를 스패튤러나 주걱으로 바르거나 짤주머니에 넣어 짜서 샌드하세요.

9 살짝 들어올려 뾰족한 새부리 모양이 나올 정도로 단단한 휘핑크림을 만들어요.

10 케이크를 잘라서 휘핑한 크림과 딸기 소르베를 샌드하고, 케이크 윗면은 남은 생크림과 과일로 장식하면 완성이에요.

black-sugar icecream roll cake

유기농 흑설탕을 넣어 더 깊고 진한 맛

흑설탕 아이스크림 롤 케이크

흑설탕 아이스크림을 케이크와 함께 돌돌 말아 만드는 흑설탕 아이스크림 롤 케이크.
롤 케이크 대신 샌드위치처럼 만들어 먹어도 간편하고 맛있어요. 흑설탕 아이스크림 롤 케이크를
만들 때는 유기농 흑설탕을 사용하면 훨씬 깊고 진한 맛을 느낄 수 있어요.

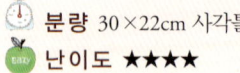

재료

흑설탕 아이스크림
우유 145g
생크림 130g
흑설탕 70g
소금 약간

초콜릿 스펀지 케이크
달걀 3개
설탕 50g
밀가루 박력분 45g
코코아 파우더 8g
녹인 버터 8g
우유 15g

장식용 재료
초콜릿소스 약간(22p.)

분량 30×22cm 사각틀
난이도 ★★★★

| 흑설탕 아이스크림 만들기

1 냄비에 우유, 생크림, 흑설탕, 소금을 담고 중간 불에서 설탕이 녹을 때까지 가열해요. 흑설탕은 입자가 굵어서 잘 녹지 않으므로 가열해서 녹이는 게 좋아요.

2 최소 3시간에서 최대 3일까지 냉장 보관해서 숙성시켜요.

3 냉동실에 넣어 아이스크림이 단단해질 때까지 1시간 간격으로 서너 번 포크로 긁어주면 완성이에요.

| 초콜릿 스펀지 케이크 만들기

4 볼에 달걀흰자만 넣고 거품을 만들어요.

5 거품이 살짝 생기면 설탕의 1/2분량만 넣어 거품을 만들어요.

6 풍성한 거품이 올라오면 나머지 분량의 설탕을 넣고 단단한 거품을 만들어요.

> 거품을 살짝 들어올렸을 때 뾰족한 새부리 모양이 나올 정도로 단단한 거품을 만들어요.

7 달걀노른자를 넣고 대강 섞어요.

8 밀가루, 코코아 파우더를 섞어 체 쳐서 넣고 재빨리 섞어요.

9 녹인 버터, 우유를 섞은 다음 8의 반죽을 일부 덜어 넣고 섞어요.

| 롤 케이크 완성하기

10 9를 8에 부어 잘 섞어요.

11 유산지 깐 사각 틀에 반죽을 부어 180℃ 오븐에 15~20분간 구워요.

12 유산지 위에 초콜릿 스펀지 케이크를 깔고 흑설탕 아이스크림을 퍼 발라요. 바르기 쉽게 아이스크림은 미리 실온에 꺼내두세요.

밀대나 긴 막대로 고정해놓고 유산지를 당기면 케이크가 단단하게 잘 말아져요.

13 유산지로 싸서 케이크를 돌돌 말아요.

14 유산지로 케이크를 감싼 채 냉동실에서 얼리면 완성이에요. 초콜릿 소스로 장식해서 먹기 좋은 크기로 잘라요.

Tiramisu icecream cake

혀끝에서 느껴지는 부드러움
티라미수 아이스크림 케이크

티라미수 아이스크림 케이크는 일반적인 티라미수와 달리 차가운 아이스크림이 들어 있어 색다른 느낌으로 즐길 수 있어요. 티라미수 아이스크림은 너무 단단할 때 먹는 것보다 약간 녹아 부드러운 상태에서 먹는 게 맛있어요.

재료

크림치즈 아이스크림
우유 190g
생크림 75g
크림치즈 110g
설탕 30g
물엿 10g
레몬즙 1ts

비스퀴
달걀흰자 2개 분량
설탕 60g
달걀노른자 2개
박력분 65g
슈거 파우더 적당량

커피 시럽
물 100g
인스턴트커피 3ts
설탕 30g

장식용 재료
코코아 파우더 적당량

분량 4×9×4.5cm 사각틀 4개
난이도 ★★★

| 크림치즈 아이스크림 만들기

크림치즈 대신 마스카르포네 치즈를 사용해도 좋아요.

1 볼에 크림치즈를 거품기로 풀다가 설탕을 넣고 잘 섞어요.

2 우유와 생크림을 섞어서 1에 조금씩 넣어가며 부드러운 상태가 되도록 섞어요.

3 물엿과 레몬즙을 넣어 가볍게 섞어요.

4 냉동실에 넣어 아이스크림이 단단해질 때까지 1시간 간격으로 서너 번 포크로 긁어주면 완성이에요.

| 비스퀴 만들기

5 162p.를 참고하여 비스퀴 만드는 과정 1~7까지 만드세요. 티라미수에 사용하는 비스퀴는 어떤 모양으로 만들어도 상관없어요.

| 커피 시럽 만들기

에스프레소가 있으면 설탕과 섞어 사용하면 좋아요.

6 물, 커피, 설탕을 냄비에 담아 설탕이 녹을 때까지 가열해요.

| 티라미수 완성하기

용기에 담기 쉽게 크림치즈 아이스크림은 미리 실온에 꺼내두세요.

7 비스퀴를 커피 시럽에 충분히 적셔요.

8 용기에 비스퀴를 깔고 치즈 아이스크림을 얹고 다시 비스퀴를 깔고 아이스크림을 얹어요.

9 윗면에 코코아 파우더를 뿌리면 완성이에요.

베이퀸의 달콤한 팁!

마스카르포네치즈란?

치즈 아이스크림을 만들 때 사용하면 좋은 마스카르포네는 이탈리아에서 처음 생산된 생치즈로 우유 거품처럼 부드럽고 감미로운 질감의 치즈랍니다. 마스카르포네는 지방이 많아 아이스크림을 만들 때 분리되기 쉬우므로 액체 재료와 섞을 때 주의해야 해요.

icecream charlotte

프랑스 전통 케이크의 새로운 변신

아이스크림 샤를로트

샤를로트는 비스퀴 안에 무스와 과일 등을 채워 만드는 프랑스 전통 케이크로 고급스러운 모양과 맛으로 지금까지 많은 사랑을 받고 있지요. 아이스크림 샤를로트는 홈메이드 아이스크림을 이용하기 때문에 쉽게 녹으므로 빨리 만들어서 케이크 안을 채운 다음 5시간 정도 냉동실에서 굳혀야 모양도 좋고 먹기에도 편해요.

재료

아이스크림
페퍼민트 화이트 초코칩
아이스크림 200g(44p.)

비스킷
달걀흰자 2개 분량
설탕 60g
달걀노른자 2개
밀가루 박력분 65g
슈가 파우더 적당량

장식용 재료
각종 아이스크림 적당량
산딸기 적당량
피스타치오 적당량

분량 원형 1호틀 1개
난이도 ★★★★

| 비스퀴 만들기

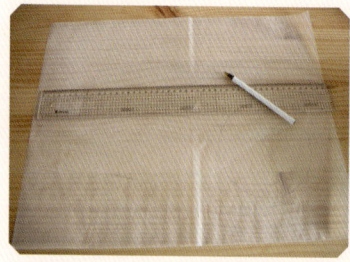

1 유산지에 케이크 옆면이 될 띠(길이 50cm×높이 5cm 2개)와 케이크 바닥(지름 16cm 원형)을 그려요.

2 볼에 달걀흰자를 담고 거품기로 거품을 내요.

3 거품이 살짝 생기면 설탕의 1/2분량을 넣어 거품을 계속 내요.

4 풍성한 거품이 올라오면 나머지 분량의 설탕을 넣고 단단한 거품을 만들어요.

5 달걀노른자를 넣고 거품기로 대강 섞어요.

6 밀가루를 체 쳐서 넣고 덩어리 지지 않게 재빨리 주걱으로 섞어요.

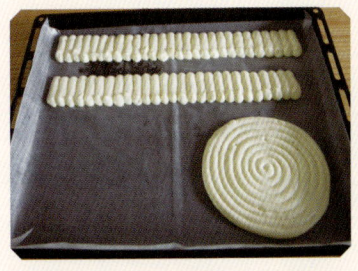 

7 짤주머니에 담아 1에서 그려놓은 유산지 위에 모양대로 반죽을 짜요.

8 슈거 파우더를 두 번 뿌리고 180℃ 오븐에서 10~12분간 구워요.

| 케이크 완성하기

9 무스링틀에 들어가게 비스퀴를 잘라서 바닥에 깔고 옆면에 붙여요.

10 페퍼민트 화이트 초코칩 아이스크림을 붓고 냉동실에 넣어 굳혀요. 아이스크림을 부을 때는 살짝 녹여서 사용해야 좋아요.

11 각종 아이스크림을 주사위 모양으로 잘라서 냉동 보관해요.

12 11의 아이스크림을 케이크 위에 올리면 완성이에요. 산딸기와 피스타치오로도 장식해요.

베이퀸의 달콤한 팁!

비스퀴란?

비스퀴는 프랑스 제과에 많이 쓰이는 반죽으로, biscuit a la cuillere(비스퀴 아 라 퀴예르)라고 불려요. 반죽을 짤주머니에 담아 손가락이나 디스크 모양으로 짜서 이용하는 쓰임새 많은 케이크 반죽이랍니다.

raspberry soda

색도 예쁘고 맛도 상큼한
라즈베리 소다

시원한 과일 맛 탄산수에 과일 아이스크림을 곁들여 마시면 훨씬 달콤하고 맛있어요.
색깔도 예쁘고 맛도 상큼한 라즈베리 소다는 손님 접대할 때 내면 테이블을 폼 나게 만들어주는 메뉴예요.

재료
라즈베리 소르베 4스쿠프(88p.)
라즈베리 240g
설탕 70g
레몬즙 1TS
소금 약간
탄산수 400g

분량 4인분

난이도 ★★

1 라즈베리를 갈아서 체에 걸러 씨를 제거해요. 번거롭다면 시판 라즈베리 퓌레를 사용해도 좋아요.

2 1과 설탕, 레몬즙, 소금을 잘 섞어요.

3 탄산수를 부어 섞어요.

4 글라스에 가득 차지 않게 부어요.

5 라즈베리 소르베를 살짝 올려주면 완성이에요.

blueberry slush & strawberry slush

마 시 는 순 간 갈 증 이 싹 사 라 지 는

블루베리 슬러시 & 딸기 슬러시

냉동실에 과일 맛 소르베나 그라니타가 있다면 휘리릭 손쉽게 만들 수 있는 홈메이드 슬러시.
이제 건강에도 좋고 갈증 해소에도 그만인 슬러시를 직접 만들어보세요.

재료

블루베리 슬러시
생수 100g
블루베리 그라니타 180g(100p.)

딸기 슬러시
생수 130g
딸기 소르베 180g(91p.)

분량 각각 2인분
난이도 ★

| 블루베리 슬러시 만들기

1 생수와 블루베리 그라니타를 푸드 프로세서나 블렌더에 넣어요.

2 저속으로 1분 정도 돌리면 완성이에요.

| 딸기 슬러시 만들기

3 생수와 딸기 소르베를 푸드 프로세서나 블렌더에 넣어요.

4 저속으로 1분 정도 돌리면 완성이에요.

베이퀸의 달콤한 팁!

여름철 대표 음료, 슬러시

갈증이 날 때 빨대 꽂아 쭉 마시는 슬러시가 생각나죠? 시중에 판매하는 슬러시는 인공향료와 색소가 가득 들어 있어 몸에 좋지도 않고 갈증도 해소되지 않아요. 집에 미리 만들어놓은 그라니타나 소르베가 있다면 어떤 슬러시도 만들 수 있답니다. 그라니타와 소르베의 종류만 바꿔 다양한 홈메이드 슬러시 즐겨보세요.

affogato

두 가지 맛 환상적인 하모니

아포가토

 재료

클래식 바닐라 아이스크림 4스쿠프(26p.)
에스프레소 2샷

 분량 2인분

난이도 ★

아이스크림에 진한 에스프레소를 부어 먹는 아포가토. 달콤하고 쌉싸래한 맛, 차가움과 뜨거움이 어우러져 환상의 하모니를 만드는 멋진 메뉴 아포가토를 카페 대신 집에서 즐겨보세요.

1 컵에 클래식 바닐라 아이스크림을 담아요.

2 에스프레소를 부으면 완성이에요. 아이스크림이 미리 녹지 않도록 에스프레소와 아이스크림을 따로 담아 먹기 직전에 부어요.

two types of shake

내 마음대로 즐기는

그린티 셰이크 & 미숫가루 셰이크

 재료

그린티 셰이크
그린티 아이스크림 200g(138p.)
우유 160g

미숫가루 셰이크
미숫가루 아이스크림 200g(126p.)
우유 200g

분량 2인분
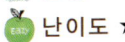 **난이도** ★

미리 만들어둔 아이스크림에 우유만 부어 섞으면 진한 맛의 홈메이드 셰이크 완성! 좋아하는 아이스크림으로 다양한 셰이크를 만들어 즐겨보세요.

| 그린티 셰이크 만들기

1 그린티 아이스크림과 우유를 푸드 프로세서나 블렌더에 넣어 저속으로 30초 정도 돌리면 완성이에요.

| 미숫가루 셰이크 만들기

2 미숫가루 아이스크림과 우유를 푸드 프로세서나 블렌더에 넣어 저속으로 30초 정도 돌리면 완성이에요.

베이퀸의 달콤한 팁!

과일 맛 셰이크를 만들고 싶다면~
상큼한 과일셰이크를 만들고 싶으시면 허니 요거트 아이스크림(82p.)을 베이스로 사용하고, 좋아하는 과일을 첨가해보세요. 푸드 프로세서 또는 블렌더로 섞을 때 별도의 우유는 첨가하지 않아도 돼요.

granita di caffè conpanna

커피와 부드러운 크림의 조화

그라니타 카페 콘파나

이탈리아의 뜨거운 햇살 아래에서 마셨던 그라니타 카페 콘파나. 진한 얼음 커피와 부드러운 크림의 조화로 완성된 한 잔의 그라니타 카페 콘파나는 이탈리아에서의 기억을 떠오르게 만드는 추억의 음료예요.

재료
커피 그라니타 200g(101p.)
초콜릿소스 2TS
생크림 100g
설탕 8g

 분량 2인분
 난이도 ★★

1 볼에 생크림을 담아 거품기로 거품을 내요.

2 1에 설탕을 넣어 단단하게 거품을 내요.

베이퀸의 달콤한 팁

그라니타 카페 콘파나
granita di caffe' conpanna
이탈리아로 여행을 갔을 때 로마에서 유명한 카페 중 하나인 타짜도로에 들르게 되었어요. 그곳의 인기 메뉴라고 해서 먹어본 것이 바로 그라니타 카페 콘파나였죠. 그라니타 카페 콘파나는 '생크림을 넣은 커피 그라니타'라는 뜻이에요. 일반 아이스 커피나 아이스 카페라테와는 또 다른 매력의 커피 음료랍니다. 빨대로 휘휘 저어 드세요!

3 별 모양의 깍지를 낀 짤주머니에 담아요.

4 잔에 초콜릿소스를 넣어요. 22p.를 참고하여 만든 초콜릿소스를 사용하거나 시판 초콜릿소스를 사용하세요.

5 4에 커피 그라니타를 넣어요.

6 3의 생크림을 짜서 올리면 완성이에요.

yogurt semifreddo

달콤하고 부드러운 디저트
요거트 세미프레도

세미프레도는 아이스크림에 비스킷이나 크림, 과일 등을 넣어 만든 이탈리아의 정통 디저트예요.
요거트와 모스카토 와인 등을 넣어 만든 요거트 세미프레도는 얼리지 않은 부드러운 상태로
먹어도 좋지만 살짝 얼린 상태에서 먹으면 더 맛있답니다.

재료

생크림 100g
요거트 75g
슈거 파우더 10g
바닐라 빈 1/3개
달걀흰자 20g
시럽(생수 10g+설탕 15g)
모스카토(스파클링 와인) 300g
오디 100g, 설탕 10g
다진 민트 잎 약간

분량 3인분
난이도 ★★★

베이퀸의 달콤한 팁!

모스카토(Moscato)란?
이탈리아 청포도의 한 품종인 모스카토로 만든 화이트 와인으로 신선한 과일 향에 당도가 높고 약간의 발포성이 있는 게 특징이에요. 알코올 도수가 낮아 가볍게 와인 한 잔하고 싶을 때 부담 없이 즐길 수 있어요.

1 볼에 생크림, 요거트, 슈거 파우더, 바닐라 빈을 담아 거품기로 약간 단단한 정도로 휘핑해요.

2 냄비에 생수와 설탕을 넣고 끓여 시럽을 만들어요.

> 달걀흰자는 살짝 거품이 올라오는 정도까지만 휘핑해요.

3 달걀흰자를 거품을 내면서 2의 뜨거운 시럽을 부어 휘핑해요. 뜨거운 시럽을 부어야 달걀흰자를 살균하는 효과가 있어요.

4 1을 넣어 섞고 1~2시간 정도 냉동 보관해요. 얼리지 말고 단단한 느낌이 드는 정도로만 보관해요.

> 모스카토 와인이 없다면 드라이한 화이트 와인을 사용하세요.

5 모스카토와 설탕을 섞고 오디를 넣어 냉장 보관하며 재워요. 오디가 없으면 키위, 딸기, 복숭아 등을 사용해도 잘 어울려요.

6 컵에 4를 붓고 5를 넣어요.

7 다시 4를 붓고 남은 5와 다진 민트 잎으로 장식하면 완성이에요.

nuts candy semifreddo

고소한 캐러멜 너츠 캔디를 넣은
너츠 캔디 세미프레도

뉴욕에서 맛본 너츠 캔디 세미프레도는 부드러운 세미프레도와 아삭아삭 씹히는 캐러멜 맛 너츠 캔디가
너무나 잘 어울렸던 메뉴였어요. 세미프레도는 카페에서 먹는 것보다 집에서 만들어 먹는 게 더 맛있어요.

재료

달걀노른자 2개
설탕 30g
생크림 160g
아마레토 1ts
너츠 캔디 85g(20p.)
달걀흰자 1개 분량
소금 약간

 분량 15×5×8cm 사각틀

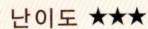 **난이도** ★★★

1 틀에 랩을 깔고 너츠 캔디를 1/2 분량만 깔아요.

2 볼에 달걀노른자, 설탕을 담고 거품기로 잘 섞어요.

3 다른 볼에 생크림을 담고 거품기로 거품을 단단하게 올려요.

4 3에 아마레토와 나머지 너츠 캔디를 마저 넣어 섞어요.

5 4를 2에 넣어 섞어요.

6 깨끗한 볼에 달걀흰자와 소금을 넣고 거품을 내는데, 거품을 들어올렸을 때 뾰족한 새부리 모양이 나올 정도로 단단하게 만들어요.

7 6에 5를 넣어 재빨리 섞어요.

8 1의 틀에 붓고 냉동실에 넣어 굳힌 다음 단단하게 얼면 꺼내서 잘라요.

5시간 이상 충분히 굳혀야 자르기 좋아요.

icecream truffle
트뤼플 초콜릿을 닮은
아이스크림 트뤼플

재료
클래식 바닐라 아이스크림 400g(26p.),
코팅용 초콜릿 200g, 잘게 다진 아몬드 적당량

분량 2인분

난이도 ★★

송로버섯 모양을 닮은 '트뤼플'이라는
초콜릿이 있어요. 동글동글한 아이스크림을
초콜릿에 퐁당 넣으면 트뤼플 초콜릿과
비슷한 모양으로 완성할 수 있어요.
모양이 너무 예뻐 먹기 아까울 정도예요.

> **베이퀸의 달콤한 팁!**
>
> **아이스크림 퐁듀 만들기**
> 아이스크림 전문점의 아이스크림 퐁듀, 먹어본 적 있으세요? 아이스크림 트뤼플 만들기 과정 2까지 준비하고 단단하게 냉동 보관한 후 퐁듀 용기에 녹인 초콜릿을 담고 아이스크림을 함께 내놓으면 누구나 좋아하는 아이스크림 퐁듀를 즐길 수 있답니다.

1 코팅용 초콜릿을 중탕으로 녹여요. 중탕할 때 물이 들어가지 않게 조심하세요.

2 바닐라 아이스크림을 스쿠프로 동그랗게 퍼서 준비하세요.

3 2를 디핑 포크에 꽂아요.

초콜릿이 바로 굳으므로 재빨리 아몬드를 붙여야 해요

4 3을 1에 담갔다가 바로 꺼내 데코용 아몬드를 붙이고 굳히면 완성이에요.

BAQUEEN'S TRAVEL DIARY

베이퀸의 디저트 세계여행

맛있고 예쁜 아이스크림과 디저트가 있는 곳이라면
언제 어디든 떠날 준비가 되어 있는 베이퀸!
여러 나라를 여행하며 들렀던 카페와
그곳에서 맛보았던 특별한 메뉴들을 모았어요.
여러분도 함께 떠나보실래요?

세계의 아이스크림 & 디저트 카페

Japan 일본

먹기 아까울 정도로 예쁘고 화려한 디저트의 천국! 바로 일본이랍니다. 다양한 디저트를 만나고 싶다면 일본에 가보세요. 일본은 다른 나라의 디저트 문화를 받아들이는 것에 그치지 않고 그들만의 반짝이는 아이디어를 보태 한층 더 새롭고 기발한 디저트를 만들어낸답니다.

1 흐드러지게 핀 거리의 벚꽃
2~3 말차 아즈키 모치 믹스 아이스크림과 몽블랑 케이크
4 말차 빙수와 말차 셰이크
5 아기자기한 모양의 케이크들

America 미국

거리로는 멀지만 마음으론 가깝게 느껴지는 곳, 미국. 미국 하면 여자들이 사랑하는 도시 뉴욕이 먼저 떠오르죠. 뉴욕은 다양한 문화가 공존하는 세계적인 도시라 디저트도 그 종류가 무궁무진해요. 그중 컵케이크를 빼놓을 수 없죠. 요즘 한국에서도 컵케이크의 인기가 대단한데, 그 시작에는 〈섹스 앤 더 시티〉에 등장해서 유명해진 '매그놀리아Magnolia'가 있지요. 매그놀리아는 아메리칸 스타일 컵케이크의 대표 모델이에요. 매그놀리아의 컵케이크가 상상을 초월하는 단맛으로 유명하다면, 색과 모양은 훨씬 화려하지만 맛은 순한 '크럼즈Crumbs'의 컵케이크도 매그놀리아의 컵케이크 못지않게 인기랍니다.

1

1 '크럼즈'의 귀엽고 화려한 컵케이크 2~3 뉴욕의 낮과 밤 4~6 '매그놀리아'의 달콤한 컵케이크와 컵케이크를 만드는 모습

동부 뉴욕에 매그놀리아가 있다면 서부 LA에는 '스프링클스Sprinkles'가 있어요.
매그놀리아 컵케이크보다 다양한 맛을 즐길 수 있고 컵케이크의 단맛도 메뉴에 따라
차이가 있어요. 심플하면서 절제된 색감으로 컵케이크를 장식해서 멋스러워요.

뉴욕에서 자주 먹었던 디저트 중 하나가 따끈한 초코칩 쿠키를 곁들인 밀크 아이스크림이었어요.
뉴욕 소호에 있는 '제인Jane'은 원래 식사를 파는 레스토랑인데 디저트가 너무 유명해서 디저트만
먹으러 찾는 사람도 많아요. 제인의 초코칩 쿠키는 갓 구워서 바로 손님들의 식탁에 내는데요,
함께 나오는 밀크 아이스크림에 찍어 먹으면 너무 맛있었어요.
레스토랑에서 직접 만든 쇼콜라 아이스크림과 함께 먹는 쇼콜라 케이크도
진한 에스프레소 한잔과 함께라면 더없이 완벽한 디저트예요.

1~2 '스프링클스'의 컵케이크
3 '제인'의 초코칩 쿠키와 밀크 아이스크림
4 쇼콜라 아이스크림과 쇼콜라 케이크

뉴욕 하면 떠오르는 브루클린 다리예요.
이 다리를 건너 브루클린에 닿자마자 쉽게 찾을 수 있는 '아이스크림 팩토리Icecream Factory'.
맛있는 아이스크림으로 유명한 아이스크림 팩토리는 예쁘고 화려한 숍은 아니지만,
가게 바로 앞에 펼쳐진 브루클린 다리를 보면서 먹는 크림 맛 진한 아이스크림은 정말 일품이에요!

1~2 볼 때마다 가슴이 설레는 브루클린 다리
3~4 브루클린 다리를 보며 아이스크림을 맛볼 수 있는 아이스크림 팩토리

1

2

눈을 크게 뜨고 돌아다니다 보면 뉴욕 곳곳에서 다양한 디저트 카페 혹은 베이커리를 만날 수 있어요. 버터 크림으로 장식한 정통 미국식 케이크 대신 유럽 스타일로 아기자기하게 장식한 케이크를 파는 가게도 길을 가다 쉽게 만날 수 있고, 초콜릿으로 만든 다양한 메뉴를 만날 수 있는 초콜릿 천국 '막스 브레너Max Brenner'도 빼놓을 수 없지요. 추운 겨울에는 막스 브레너의 진하고 따끈한 핫초코, 더운 여름에는 시원하게 마실 수 있는 쿠키 셰이크가 생각나요.

1 집에서 뚝딱 만든 것 같은 자연스러운 모양의 미국식 파이와 타르트
2 뉴욕에서 만난 유럽 스타일의 작은 케이크
3~5 다양한 초콜릿 메뉴를 만날 수 있는 초콜릿 카페, '막스 브레너'

Italy 이탈리아

다양한 색깔을 가진 예술의 나라 이탈리아. 이곳엔 길가의 벽돌 하나까지 의미가 있는 역사의 도시, 시간이 멈춘 듯한 도시 로마가 있어요. 로마는 젤라토의 본고장이기도 하지요. 로마에 가면 꼭 젤라토를 맛보세요. 젤라토 특유의 진한 향과 맛을 잊을 수 없을 거예요.

1~2 뭔가 드라마틱한 사연이 숨어 있을 것 같은 로마의 건물
3 로마 3대 젤라토 숍 중 하나인 '지올리티Giolitti'
4~5 지올리티의 젤라토

이탈리아의 커피도 빼놓을 수 없죠.
로마에서 손꼽히는 커피 맛으로 유명한
'타짜도로 Tazza d'oro'에서는
기본적인 커피는 물론 시원하고 맛있는
'그나니타 카페 콘파나'도 맛볼 수 있어요.

1~2 커피가 유명한 로마의 '타짜도로'
3 '타짜도로'의 그라니타 카페 콘파나
4 '타짜도로'의 카페라테
5 이탈리아 디저트 중 세계적으로 많은 사랑을 받고 있는 티라미수

France 프랑스

프랑스~ 하면 떠오르는 것들이 참 많아요. 파리의 상징 에펠탑부터 패션과 음식까지….
개인적으로는 참으로 배울 점도 부러운 점도 많다고 느낀 곳이 바로 프랑스였어요. 프랑스의 수도,
파리와는 또 다른 느낌의 스트라스부르는 프랑스에서 독일의 문화를 느낄 수 있는 도시예요.
스트라스부르 거리를 걷다 보면 깔끔한 현대 도시 속에서 알자스 지역의 전통적인 분위기를 느낄 수 있어요.

1~2 스트라스부르의 풍경
3 길가의 과일 가게
4 스트라스부르의 멋스러운 간판들
5 알자스 지방의 전통의상을 입은 인형
6 알자스 지방의 전통 구겔후프 도기틀

1~5 스트라스부르의 베이커리 풍경

Monaco 모나코

그림 속에서 툭 튀어나온 것처럼 눈길 가는 곳마다 아름다운 나라, 모나코.
모나코는 모든 문화 전반에서 프랑스의 영향을 많이 받은 곳이라 그런지
음식과 디저트도 대부분 프랑스식이에요.

1 모나코의 그림처럼 아름다운 풍경
2 거리의 작은 초콜릿 숍에서도 만날 수 있는 그레이스 켈리

우리나라의 디저트 카페

W.E의 대표 메뉴, 라이스펀치 그라니타

W.E.

한국식 디저트를 파는 카페를 찾기란 쉽지 않아요. 우연히 우리 전통 디저트를 현대식으로 재탄생시킨 메뉴를 만날 수 있는 카페 W.E.를 발견하고는 너무 기뻤어요. 라이스펀치 그라니타, 단팥 퐁듀, 호떡 팬케이크, 군고구마 플레터 등 너무나 특별하고 멋진 메뉴들. 모두들 반하고 말 거예요.

서울 강남구 신사동 518-8 (02-3445-0919)

1 오시정의 대표 메뉴, 홍시 요거트 2 토끼 인형과 함께 서빙된 오시정의 오렌지티 3 조용하고 시적인 분위기의 내부

오시정

건강한 디저트를 원하세요? 홍시 요거트, 수삼 우유, 오렌지티, 양배추 딸기 스무디 등 이름만 들어도 기운이 불끈 나는 특별한 메뉴가 가득한 곳이 바로 가로수길의 오시정이랍니다. 차분한 카페 분위기도 좋고 음료를 시키면 깜찍한 소품까지 함께 서빙되어 기분이 좋아지는 곳이에요.

서울 강남구 신사동 525-11 (02-512-6508)

빵빵빵 파리

작은 정원과 서재가 있는 카페, 빵빵빵 파리. 이곳에서 내가 좋아하는 자몽 타르트, 직접 만든 홈메이드 스타일의 아이스크림을 넣은 아포가토, 뱅글뱅글 시나몬 향을 품고 있는 소박한 시나몬 롤 한 조각을 맛보는 순간…. 더 이상 바랄 게 없어요~

서울 마포구 서교동 359-113 (02-3141-9664)

1 빵빵빵 파리의 아포카토
2 빵빵빵 파리의 바닐라 아이스크림을 곁들인 시나몬 롤
3 서재에서 책 한 권 꺼내 읽으면서 디저트를 즐겨볼까?

블룸앤구떼

플라워 숍과 카페가 공존하는 블룸앤구떼. 블룸앤구떼의 대표 디저트는 녹차 빙수! 쌉쌀하고 깔끔한 녹차와 우유의 조화, 달달한 단팥이 참 잘 어울리죠. 테라스에 앉아 가로수길을 지나가는 사람들을 구경하며 맛보는 녹차 빙수는 왠지 더 특별해요.

서울 강남구 신사동 545-24 (02-545-6659)

1 블룸앤구떼의 녹차 빙수
2~3 눈길이 가는 곳마다 예쁜 꽃이 보이는 블룸앤구떼

et M'amie

와인 향 진하게 조린 꼬꼬뱅, 진하고 고소한 맛의 까망베르 치즈, 돼지 안심 요리 등을 맛볼 수 있는 프랑스 가정식 레스토랑이에요. 식사 후에는 바삭한 파이 위에 오랜 시간 조려낸 사과와 달콤한 아이스크림을 얹은 '타르트 따탕'을 꼭 맛보세요. 완벽한 디너 코스를 즐길 수 있답니다.

경기 분당구 정자동 180 미켈란쉐르빌 115호 (031-782-0102)

et M'amie의 타르트 따탕

snob

우울하고 지치신다고요? 그렇다면 활기찬 홍대 부근으로 나가보세요! 그리고 카페 snob에 앉아 아이스크림을 곁들인 퐁당 쇼콜라를 즐겨보세요.

서울 마포구 상수동 86-53 (02-325-5770)

Beans Bins

끝나지 않는 우리의 수다와 커피 한잔과 와플 아이스크림, 그리고 창밖에 보이는 삼청동의 풍경만으로 행복한 오후. 바로 카페 Beans Bins!

서울 종로구 삼청동 62-26 (02-736-7799)

snob의 바닐라 아이스크림을 곁들인 퐁당 쇼콜라

Beans Bins의 와플 아이스크림

베이퀸의 홈베이킹 & 홈메이드 아이스크림 클래스

누구나 쉽게 배울 수 있어요!

 **BAQUEEN'S CLASS**

· **스케줄** ·
평일반, 주말반

· **커리큘럼** ·
단계별로 진행되는 정규클래스,
시즌별 메뉴를 배워보는 미니클래스

· **위치** ·
홈베이킹 클래스 BAQUEEN / 경기 분당 동판교

· **문의** ·
070-7565-4245 | www.baqueen.com | blog.naver.com/kk5564